W0338851

Gebrauchsanweisung für das Tessin

Thomas Blubacher

Gebrauchsanweisung für das Tessin

Mehr über unsere Autoren und Bücher:
www.piper.de

ISBN 978-3-492-27723-5
© Piper Verlag GmbH, München 2019
© Thomas Blubacher, 2019
Karten: cartomedia, Karlsruhe
Satz: Fotosatz Amann GmbH & Co. KG, Memmingen
Druck und Bindung: CPI books GmbH, Leck
Printed in the EU

Inhalt

SCHWEIZ
0
10 km
N
Gotthard-
Straßentunnel
Gotthard-
Basistunnel
Airolo
Valle Leventina
Ticino
Valle di Blenio
Brenno
SOPRACENERI
Giornico
Bodio
Biasca
Val Bavona
Sonogno
Bosco Gurin
TESSIN
Brione
Maggia
Verzasca
Lavertezzo
Valle Onsernone
Ticino
Lago di
Vogorno
Ribo
Isorno
Bellinzona
Centovalli
Locarno
Minusio
Melazza
Ascona
Monte Verità
Isole di Brissago
SOTTOCENERI
Basel
Zürich
Bern
SCHWEIZ
Mailand
Lugano
Gandria
Collina d'Oro
Campione d'Italia
Lago Maggiore
Morcote
Melide
Lago di Lugano
Monte San Giorgio
Muggio
Meride
Stresa
Mendrisio
Lago di
Como
Chiasso
Como
Lombardei
Piemont
ITALIEN

Salve!

Es war 1970, das Jahr, in dem der Rüsselsheimer Automobilhersteller Opel für sein neues, familientaugliches Mittelklassemodell den beinahe magischen Namen Ascona wählte, diese Suggestion einer kontrollierten Exotik, als ich mit meinen Eltern den ersten Urlaub meines noch jungen Lebens im Tessin verbrachte.

Ich war viel zu klein, um im Lago Maggiore schwimmen zu dürfen, also thronte ich im unmittelbar an den See stoßenden Garten unseres Ferienhäuschens in San Nazzaro in einem aufblasbaren Planschbecken und freute mich, beschattet von einer Tessinerpalme, die trotz ihres Namens aus dem fernen China stammt, über ein Blöckli Glacé aus der Migros, hergestellt aus feinstem Schweizer Rahm. Oder über eine orange-weiße Rakete, ein Wassereis mit Schokoladenüberzug an der Spitze, das im Jahr zuvor anlässlich der ersten Mondlandung auf den Markt gekommen war und für dreißig Rappen im nahe gelegenen Kiosk verkauft wurde.

Der unbezahlbare Blick, den ich hätte genießen können, wäre ich nicht mit dem Schleckeis und meiner Spritzpistole beschäftigt gewesen, ist bis heute derselbe: Am gegenüberliegenden Ufer erspäht man linker Hand Ronco sopra Ascona, das malerisch auf einer Felsterrasse über dem See liegt, und die vorgelagerten Brissago-Inseln, auf denen einst der deutsche Kaufhauskönig Max Emden proklamierte, auch Leben sei eine Kunst, und sich eines lustbetonten Daseins in Gesellschaft junger Damen erfreute. Rechts daneben das »Weltdorf« Ascona, zur Wirtschaftswunderzeit das bevorzugte Domizil einer von den Einheimischen kritisch beäugten, millionenschweren transalpinen Schickeria aus Filmstars und Unternehmern, die dort eine einzigartige Kombination aus italienischer *dolce vita* und helvetischer Zuverlässigkeit sowie nicht zuletzt beträchtliche Steuervorteile genossen. Darüber erhebt sich der Monte Verità, trotz seines Namens ein mickriger Hügel, auf dem nach der Wende zum 20. Jahrhundert vegetarische Sexualasketen, nackte Sonnenanbeter, okkultistische Scharlatane und Edelanarchisten mit alternativen Lebensentwürfen experimentierten. Lässt man den Blick weiter schweifen, sieht man das grüne Maggiadelta und an seinem Ostrand Locarno, dessen Filmfestival zwar nur das drittälteste, dafür aber das charmanteste der Welt ist.

Mein Interesse an bewegten Bildern beschränkte sich damals freilich auf Kindersendungen wie »De Tag isch vergange«. Dass ich lebensreformerisch im »Luftkleid« planschte, war mir nicht bewusst. Und für das mediterrane Ambiente, das mich umgab, hatte ich wenig Sinn. Wahrscheinlich besitze ich gar keine wirklichen Erinnerungen an diese ersten Ferien meines Lebens, sondern habe nur die längst rotstichigen Aufnahmen vor Augen, die meine Mutter vor einem halben Jahrhundert mit Fotoecken auf die durch Spinnenpapier getrennten Kartonseiten eines Albums klebte. Und die Erzählungen meines Vaters im Ohr, den zwei Jahrzehnte vor mir gleichfalls die allererste Urlaubsreise ins Tessin geführt hatte. Als Teenager hatte er in den 1950er-Jahren mit einer kirchlichen Jugendgruppe in Caslano gezeltet und war der Schönheit der Gegend und – in aller Unschuld, wie er nachdrücklich betont – der Pfarrerstocher im Nachbarzelt verfallen. Seitdem war er immer wieder über den Gotthardpass in die klimatisch begünstigte Sonnenstube der Schweiz kutschiert, erst allein, dann gemeinsam mit meiner Mutter und bald auch mit mir. Solange es meinen Eltern gesundheitlich möglich war, gehörte es zu ihrer Jahresroutine, jeweils im Frühjahr und im Herbst ein, zwei Wochen im Locarnese zu wandern.

Kein Wunder, dass das Tessin auch für mich ein Sehnsuchtsort wurde, den ich, mal abgesehen von einigen Pubertätsjahren, in denen mir das vermeintliche Rentnerparadies »uncool« schien, regelmäßig aufgesucht habe und heute öfter denn je genieße. Zumal man dank des 2016 eröffneten Gotthard-Basistunnels mit dem Zug von meiner Heimatstadt Basel kaum mehr als drei Stunden benötigt, um sich wintermüde an blühenden Kamelien, Magnolien und Azaleen zu erfreuen, während einen zu Hause ein Wollschal wärmen muss.

Solche Gegensätze findet man wie nirgendwo sonst in der Schweiz auch innerhalb des Kantons selbst, der seine einzigartige Anziehungskraft aus diesen Spannungen schöpft: Palmen, Agaven, Olivenhaine und das ewige Eis der Gletscher. Beschauliche Uferpromenaden, die zum Flanieren einladen, und schroffe Gebirge, durchfurcht von steilen Tälern. Designer-Outlets und Bauernmärkte. Häuser in Terrakotta, Rostrot und Rosé, Safran- und Vanillegelb, bei deren Anblick man sich in Italien wähnt, und pittoreske Bruchstein-Rustici mit Dächern aus Gneis. Im Kontrast zur Einsamkeit entvölkerter Alpentäler mit Dörfern, die wie aus der Zeit gefallen wirken, stehen der raumplanerische Sündenfall der Magadinoebene mit ihrem Siedlungsbrei aus gesichtslosen Wohn- und klotzigen Infrastrukturbauten, die weder Hochglanzbilder noch Historie zu liefern haben, die desaströs verbaute Finanzmetropole Lugano, mit rund 65 000 Einwohnern die neuntgrößte Stadt der Schweiz, und die täglichen Staus auf den Zufahrtsstraßen. Kaum ein Kanton verzeichnet pro Einwohner mehr Autos, und nirgends wird mehr Benzin verbraucht, dazu kommen täglich rund 65 000 *frontalieri*, Grenzgänger aus Italien, die über ein Viertel aller Erwerbstätigen im Tessin ausmachen. Hochkarätige Festivals und Events erfreuen Cineasten, Jazzfans und Klassikfreunde. Kirchen, Museen und Galerien ergötzen Kunstinteressierte. Konsumtempel ködern Kaufwütige, doch ein paar Kilometer entfernt präsentiert sich die Welt so rau und menschenleer, wie es sich die eingefleischtesten Naturfreaks erträumen.

Die Nähe zum Land, wo im dunklen Laub die Goldorangen glühn, ist nicht nur eine geografische. Fast fühlt man sich in Bella Italia, aber eben nur fast, die Italianità ist gezähmt. »Plötzliches Italien«, notierte Franz Kafka in sein Reisetagebuch, als er 1911 per Bahn den Gotthard durchquert hatte und das Tessin erreichte. »Später verschwindet das Italienische, oder der Schweizer Kern tritt vor.« Tatsächlich gehen im südlichsten Teil Helvetiens italienische

Lebensfreude und alemannische Perfektion eine einzigartige Symbiose ein, das süße Leben ist geregelt, alles verlässlich. Züge kommen auf die Minute pünktlich, Automobilisten fahren durch die Stadt, ohne zu hupen, und lassen an Zebrastreifen Fußgängern tatsächlich den Vortritt. Und viele Hundehalter benutzen auch ohne gesetzliche Hundekotaufnahmepflicht die tütenspendenden grünen »Robidogs«, um die Hinterlassenschaft ihres treusten Kameraden zu entsorgen. Zudem darf man sich im Tessin sicher fühlen. Vergisst man seine Tasche im geparkten Auto, findet man sie in der Regel auch am nächsten Morgen noch vor, und man kann gefahrlos mitten in der Nacht durch die finstersten Gegenden spazieren; Kriminalität ist kein ernsthaftes Problem. Das Tessin ist ein Paradies, das funktioniert. Schweiz halt, aber mit italienischem Flair. Und überdies sonnig, aber nicht drückend.

Für mich heißt Tessin:

Im Frühling unter den knorrigen Platanen der Piazza Giuseppe Motta, der Asconeser Uferpromenade, den Straßenmusikern lauschen. Mit einem Schiff der Navigazione Lago Maggiore auf die Isola di San Pancrazio übersetzen und 1700 Pflanzenarten aus aller Welt bestaunen, die dort dank des milden, insubrischen Klimas mit verschwenderischer Blütenpracht gedeihen – dem mit einer Jahresmitteltemperatur von 14 Grad Celsius wärmsten der gesamten Schweiz. Sie dürfen sich aber nicht nur über 2300 Sonnenstunden jährlich freuen, während sich die Pflanzen in Basel oder Berlin mit zwei Dritteln davon begnügen müssen, sondern auch über doppelt so viel Regen, der besonders reichlich im Mai, Oktober und November fällt.

Im Sommer ein *pedalò*, ein Tretboot, mieten, hinaus auf den See fahren und im perfekt temperierten Wasser schwimmen. Oder durchs Verzascatal wandern, bei Lavertezzo in den eiskalten, smaragdgrünen Fluss springen und auf den glatt polierten Felsen in der Sonne brutzeln. Und dann durstig den Bügelverschluss eines Fläschchens Gazosa öffnen, der kohlensäurehaltigen Zitronenlimonade, die zumindest an heißen Tagen wie selbst gemacht schmeckt und früher *champagne dei poveri* genannt wurde, Champagner der Armen. Abends in einem Grotto einen Merlot aus dem *boccalino* trinken, jenem kleinen, bauchigen Tonkrug mit Henkel, der auch als kitschiges Tessinsymbol dient, oder aus einer einfachen Tasse ohne Henkel, dem *tazzin*. Oder stattdessen, falls es gerade die Zeit des »Locarno Festival« ist, unterm Sternenhimmel gemeinsam mit 8000 anderen Filmfans eine Vorführung auf der Piazza Grande erleben, dem schönsten Freiluftkino der Welt, dessen Leinwand mit 26 mal 14 Metern Europas größte ist (und seit 2017 die Rückseite der roten Zwanzig-Franken-Note ziert). Und während in Cannes oder Venedig die Stars hinter Absperrungen im Blitzlichtgewitter posieren, kann es einem in der entspannten Atmosphäre Locarnos widerfahren, dass man Juliette Binoche oder Daniel Craig in einer Bar begegnet.

Im Herbst beim Spaziergang durch goldgelb leuchtende Wälder die Kastanien fallen hören und eine *castagnata* besuchen, ein Kastanienfest, wie es im Oktober fast überall gefeiert wird. Am liebsten ist mir die *Festa delle Castagne* in Ascona, bei der, begleitet von Volksmusik, über 2000 Kilogramm der Nussfrucht, die über Jahrhunderte als das »Brot der Armen« im Tessin galt, auf offenen Feuern geröstet, aber auch andere Köstlichkeiten von der Kastanienmarmelade bis zum Kastanieneis angeboten werden. Dann, maronigesättigt, im Museo Comunale d'Arte Moderna – zum wievielten Male? – die expressionistischen Gemälde Marianne von Werefkins bestaunen, an denen ich mich nicht sattsehen kann.

Im Winter mit Blick auf die Eislaufbahn, in die man die Piazza Grande in Locarno alljährlich verwandelt, ein Käsefondue genießen, das mit dem leckeren *pane ticinese*, dem typischen Tessiner Weißbrot, sündhaft gut schmeckt. Natürlich, wie ich es liebe, *moitié-moitié*, also je zur Hälfte aus zart schmelzendem Vacherin Fribourgeois und mildem Gruyère, was, zugegeben, nicht typisch fürs Tessin ist, denn in die *fonduta ticinese* gehören neben einer Mischung aus Gruyère, Sbrinz, Gorgonzola und Mozzarella noch gehackte Sardellen, Oliven, Kapern und getrocknete Tomaten, und statt Kirschwasser gibt man Grappa hinzu. Man findet aber auch Rezepte mit alpenwürzigem Gottardo oder dem süßlichen Käse aus dem Bleniotal, verfeinert mit rotem Merlot, mit Birnen, Trauben oder Steinpilzen. Später, trotz schweren Magens, im dampfenden Außenpool des Hotels Eden Roc schwimmen, in klarer Winterluft den Blick über den silbernen See schweifen lassen, in dem sich die Schneegipfel spiegeln, und die keineswegs unerträgliche Leichtigkeit des Seins genießen.

Es lässt sich nicht leugnen: Ich liebe vor allem das Locarnese – zu dem neben der Stadt Locarno unter anderem die Gemeinden Ascona, Brissago, Minusio, Orselina und Ronco sopra Ascona, das Centovalli, das Onsernone- und das Verzascatal gehören –, wie die meisten Deutschschweizer und Deutschen. Nirgendwo anders im Tessin gibt es mehr deutsch oder schweizerdeutsch sprechende Zugezogene und Touristen, und so stößt man, obschon selbstverständlich auch hier die Amtssprache Italienisch ist, nur selten auf Verständigungsprobleme, während man sich, des Italienischen unkundig, in Lugano oftmals auf Englisch oder Französisch verständigen muss. Zusammen mit den Bezirken Bellinzona, Riviera, Blenio, Leventina und Vallemaggia bildet Locarno das Sopraceneri, den Kantonsteil »oberhalb« des Monte Ceneri, der das Tessin teilt wie der Gotthard die Schweiz.

Jenes Sopraceneri, das sich zwischen dem Lago Maggiore und dem 3402 Meter hohen Rheinwaldhorn – auf Italienisch: Adula – erstreckt, nimmt stattliche 85 Prozent des 2812 Quadratkilometer großen Kantons ein, doch machen seine Einwohner lediglich zwei Fünftel der gut 350 000 Köpfe zählenden Bevölkerung aus (insgesamt leben in der Schweiz 8,4 Millionen Menschen – fast so viele wie in New York City). Die Mehrheit drängt sich im deutlich urbaneren und wirtschaftlich stärkeren kleinen Südteil, dem Sottoceneri, zu dem der Distretto di Lugano sowie der Distretto di Mendrisio gehören, wo an manchen Wintertagen die Smogglocke der Città metropolitana di Milano die Weitsicht trübt. Hier gibt die Lombardei mit ihren zehn Millionen Einwohnern den Takt vor, man gehört zur Metropolregion Mailand, wendet sich kulturell Italien zu und empfindet das Sopraceneri schon als halb bernisch. Dennoch sollten Sie sich auch dort als Tourist von ohnehin unzutreffenden Schokoladenland-Klischees verabschieden. Selbst der Nordteil des Kantons ist weitgehend alphornfrei, putzige Chalets und lilafarbene Kühe sind ebenso selten anzutreffen wie Kaffeerahmdeckeli sammelnde Heidis, die Rösti zubereiten. Nun gut, flatternde rote Fahnen mit weißem Kreuz sind tatsächlich omnipräsent, noch lieber aber hisst man die rot-blau gespaltenen des Tessins – übrigens ist die stets quadratische Flagge horizontal geteilt (oben rot, unten blau), das Kantonswappen hingegen senkrecht (links rot, rechts blau).

Zwar hält man – insbesondere im Kontrast zu den als solide, nüchtern und etwas langweilig geltenden Deutschschweizern – sämtliche Tessiner für lebenslustige Frohnaturen, herzlich und gefühlsbetont, offen den Genüssen und dem *dolce far niente* gegenüber. Doch lebt nördlich des Symbolbergs Monte Ceneri ein anderer Menschenschlag als im Süden, wobei es eine uncharmante Vergröberung wäre, stellte man die geschäftigen und geschäftstüchtigen Luganesen den kulturaffinen Locarnesen gegenüber, die stets Zeit für einen kleinen Schwatz, eine *chiacchiera*, haben. Tatsächlich aber weisen die Bewohner der beiden Kantonsteile spezifische Mentalitäten auf und unterscheiden sich – groß ist des Vorurteils bindende Kraft – sogar äußerlich: Während ich in Lugano vorwiegend Menschen im eleganten Business-Look durch die Straßen hasten sehe, ziehen sich die Locarnesen in meinen Augen vergleichsweise zwanglos an. Zudem pflegt man unterschiedliche Sitten. Ein Beispiel? In der Sauna meines Hotels in Lugano wies mich ein Schild darauf hin, dass das Tragen von Badebekleidung – wie es italienischen Gepflogenheiten entspricht – obligatorisch sei, in Ascona hingegen sollte ich, wie in der Deutschschweiz üblich, textilfrei schwitzen. Tatsächlich transpirierten da wie dort schamlos Entblößte und sittsam Verhüllte gemeinsam, ohne *gabola* – so lautet das Dialektwort für Problem, Zwischenfall, Belästigung, Schreierei. Mit jener Gelassenheit und Toleranz also, die das gesamte Tessin so lebensfreundlich macht.

Bei dieser Gelegenheit sei es deutschen Lesern gesagt: *Der* Tessin ist der namensgebende linke Nebenfluss des Po, der durch *das* Tessin fließt. Auf Italienisch heißen freilich beide *il Ticino*. Die deutsche Bezeichnung Langensee für den Lago Maggiore (den die Tessiner auch Verbano nennen) ist in der bekanntlich viersprachigen Schweiz gebräuchlich, doch spricht kein Mensch vom Lauisersee, wenn er den Luganersee meint (wohl aber die Tessiner vom Ceresio). Und nicht einmal mehr die *Neue Zürcher Zeitung*, die bei geografischen Namen mit Vorliebe an der deutschen Version festhält, gebraucht Namen wie Aschgunen für Ascona oder Pias für Chiasso.

Ebenso wenig wie meine Vorliebe für die Gegend um Luggarus, Verzeihung, Locarno kann ich verhehlen, dass »mein« Tessin ein Sehnsuchtsort ist, den Kultur und Kulinarik prägen, Wellness und Wandern – die Reisebegleitung meines Vertrauens würde indes zweifellos auf diese hübsche Alliteration verzichten und angesichts meiner Präferenzen den Begriff Spaziergang für angemessen halten. Ich erkenne neidlos an, dass sportliche Aktivitäten den Körper vorteilhafter formen als Risotto und Rotwein, widme mich aber Ersteren seit zwanzig Jahren vorwiegend passiv, und auch das eher sporadisch. Nicht ohne Folgen, wie mir meine letzte größere Tour im Wanderdorado Tessin vor Augen geführt hat.

Durchaus vernünftig, schloss ich mich einer geführten Exkursion an, brauchte mich also nicht um die Route, die

Verkehrsverbindungen und andere Notwendigkeiten zu kümmern. Nachdem uns die Standseilbahn von Lugano-Paradiso in zwölf Minuten auf den 912 Meter hohen San Salvatore transportiert hatte, genauer gesagt, zur Bergstation auf 883 Metern über dem Meer, genoss ich guten Mutes das schwerlich zu übertreffende 360-Grad-Panorama über den See, die Alpen und die Poebene – an klaren Tagen soll man sogar den Mailänder Dom erkennen können. Unser Wanderleiter Marco Mastelli richtete seinen Blick unterdessen nicht in die Ferne, wo auf den Gipfeln der letzte Schnee in der Sonne glänzte, sondern auf mich. Ob ich meine Trekkingstöcke vergessen hätte? Glaubte er ernsthaft, ich besäße so etwas? Moi? Überaus freundlich lieh er mir einen seiner Stecken, mit dessen Hilfe ich beängstigend zügig, aber sturzlos den steilen Abstieg nach Ciona bewältigte. Auf, zugegeben, bequemen Wanderwegen gelangten wir ins Künstlerdorf Carona, wo ich immerhin einen flüchtigen Blick auf das »Papageienhaus« werfen durfte, wie man die Casa Costanza wegen des entsprechenden Trompe-l'Œil-Gemäldes im Giebel nennt.

Es war einst das Feriendomizil Lisa Wengers, deren 1908 erstmals im Druck erschienener Erzählreim vom Faulenzer Joggeli, der die Birnen schütteln soll, die berühmteste Kettenreaktion der Schweizer Kinderbuchgeschichte ist: »Es schickt der Her der Joggeli us, / er söll ga Birli schüttle. / Joggeli wott nid Birli schüttle, / d'Birli wei nid falle. / Do schickt de Meischter s Hündli us, / es söll de Joggeli bisse. / Hündli wott nid Joggeli bisse, / Joggeli wott nid Birli schüttle, / Birli wei nid falle.«

»Wott nid wandere«, dachte ich und schleppte mich auf die weinumrankte Terrasse des schon von Wengers Schwiegersohn Hermann Hesse frequentierten Grottos Pan Perdü, um bei zwei Flaschen Gazosa für kurze Zeit neuen Lebensmut zu schöpfen, bevor wir uns zum botanischen Garten Parco San Grato aufmachten. Angesichts verblühter Rhododendren dräute in mir die Erkenntnis, dass wohl auch die Blüte meines irdischen Daseins vorüber sei, zumal unser Führer meine Gesichtsfarbe mit einem Merlot verglich.

Mäßig erquickt von seinem erfrischenden Humor, wankte ich durch Kastanienwälder zur Alpe Vicania und weiter nach Morcote. »Sag beim Abschied leise Servus«, schoss es mir, längst moribund, durch den Sinn, hatte doch Peter Alexander jahrzehntelang in dieser Gemeinde gelebt. Japsend stolperte ich über Hunderte, meine butterweichen Knie wenig erfreuende Treppenstufen hinab an den See, zuletzt durch die verblüffend vorausschauend benannte Strecia di Mort, die »Todesgasse«. Zwar sprang ich Meister Hein noch einmal von der Schippe und konnte das Linienschiff zurück nach Lugano besteigen, doch zeigte die Wanderung nachhaltige Wirkungen: Die Mikrotraumata in den Z-Scheiben meines Muskelgewebes machten noch Tage später jeden Schritt zur Qual, und das Megatrauma dieses Erlebnisses machte den Erwerb von Wanderschuhen für den Rest meines irdischen Daseins so wahrscheinlich wie den Download des neuen Andreas-Gabalier-Albums. Man muss auch mal verzichten können. Anstandshalber sollte ich noch – in Ermangelung von Fußnoten, in denen sich diese peinliche Information verstecken ließe – die Einstufung jenes zehn Kilometer langen Wanderklassikers durch den Schweizer Tourismusverband erwähnen: »Anforderung Technik / Schwierigkeit: mittel. Anforderung Kondition: mittel.« Medioker wollte ich noch nie sein.

Nun geht es aber hier nicht um meine möglicherweise minimal zu optimierende Kondition, sondern um die Vielfalt von Möglichkeiten, die das Tessin offeriert. Niemand kommt heute mehr auf die maliziöse Idee, es als das Wartezimmer Gottes zu bezeichnen, was in den Achtzigerjahren gang und gäbe war. Menschen aller Altersstufen und mit den unterschiedlichsten Bedürfnissen, Singles ebenso wie Familien und Freundescliquen, finden hier ihr Urlaubsglück. Nicht nur erholungssuchende, wellnessaffine Gourmets, die allenfalls auf dem Golfplatz Kalorien verbrennen, sondern auch abenteuerlustige Aktivurlauber.

Neben 4000 Kilometer Wanderwegen bietet das Tessin eine superbe Auswahl an Sportklettergebieten mit Touren in sämtlichen Schwierigkeitsgraden sowie hervorragende Gelegenheiten zum Bouldern. Als weltweit bekannte Hotspots gelten insbesondere die Gebiete um Cresciano am Südausgang der Leventina und um das Dorf Chironico, das zur Gemeinde Faido gehört. Beliebt ist auch das Canyoning, das Herabsteigen unwegsamer Wasserläufe zu Fuß, bei dem es mithilfe von Seilen, durch Springen, Schwimmen oder sogar Tauchen natürliche Felsrutschen und Wasserfälle zu überwinden gilt. Anspruchsvolle Abseilstellen sind die Wasserfälle des Ri della Froda unweit von Biasca, und bekanntlich steigt der Mut mit der Gelegenheit, es gibt aber, zum Beispiel in der Boggeraschlucht, auch Teilstrecken, die sich für Anfänger eignen. Schneller in die Tiefe gelangen nur Adrenalinjunkies, die sich im Verzascatal von der 220 Meter hohen Bogenstaumauer des Lago di Vogorno stürzen und bei diesem höchsten Bungee-Jump Europas 7,5 Sekunden lang wie James Bond fühlen dürfen: 1995 diente die Talsperre bei den Dreharbeiten zu »Goldeneye«

als Double für die fiktionale sowjetische Chemiewaffenfabrik Archangelsk. Den laut einer Umfrage besten Stunt der Filmgeschichte absolvierte für Pierce Brosnan der Brite Wayne Michaels und erreichte dabei eine Geschwindigkeit von 161 Stundenkilometern.

Deutlich gemütlicher geht es bei einer Schlauchbootfahrt auf den ruhigen Wasserläufen des Flusses Ticino zwischen Osogna und Bellinzona zu. Von Kopf bis Fuß in Neopren eingepackte Kanuten finden ihr Glück zum Beispiel im Riale di Boggera. Die großen Seen verlocken zum Wakeboarden, Wasserskifahren und Windsurfen, man kann sich in ein Kajak setzen, ans Kitesurfen wagen oder im Stand-up-Paddeln versuchen, sich auf einem Banana Boat mit ordentlich Speed über das Wasser ziehen lassen und, falls man einen Segelschein besitzt, ein Boot oder mit einem Schiffsführerausweis eine elegante Jacht mieten.

Für *parapendisti*, Gleitschirmflieger, bietet das Tessin eine Fülle von Startmöglichkeiten. Mountainbiker finden zahllose Routen von der Einsteigerstrecke bis zu extremen Varianten wie Downhill und Freeride, Familien hingegen bevorzugen für Ausflüge auf dem Velo – so nennt man in der Schweiz den Drahtesel – wohl eher einen der zahlreichen idyllischen Radwege ohne nennenswerte Steigungen. Selbstredend kann man im Tessin sein Glück auch auf dem Rücken von Pferden finden. Und wer, wie ich, auf Bali hinnimmt, dass vergnügungssüchtige Touristen auf Kamelen reiten, die sich dort fern ihrer eigentlichen Heimat als Gastarbeiter verdingen, echauffiert sich auch nicht darüber, dass im Tessin, vor allem bei Kindern, Lamatrekking immer begehrter wird – wenigstens müssen die Tiere mit Migrationshintergrund niemanden tragen, sondern sich lediglich am Zügel führen und streicheln lassen. Wintersportfans vergnügen sich auf Schneeschuhtrails, Langlaufloipen und zum Beispiel in Airolo-Pesciüm und Bosco Gurin auf jeweils rund dreißig Pistenkilometern für den alpinen Skilauf, können snowboarden und Schlitten fahren oder rasante Abfahrten mit dem Snowscoot, einer wendigen Mischung aus BMX-Rad und Snowboard, wagen.

Die meisten dieser schweißtreibenden Freizeitaktivitäten kenne ich aus eigener Anschauung – im wahrsten Sinne des Wortes. Noch lieber als auf vorbeiflitzende Skihasen blicke ich allerdings in Bücher und folge damit Juvenal: »Orandum est ut sit mens sana in corpore sano.« Er wollte vor zweitausend Jahren, da bin ich mir absolut sicher, keineswegs das sagen, was fragwürdige Sportfanatiker wie der nationalistische und antisemitische Turnvater Jahn später daraus gemacht haben, sondern angesichts gut gebauter, aber intellektuell unbedarfter Athleten dem Wunsch Ausdruck verleihen, in einem gesunden Körper möge ein ebenso beweglicher Geist stecken. Da man im Leben Prioritäten setzen muss, ertüchtige ich bevorzugt Letzteren, und so ist »mein« Tessin das Arkadien der Anders- und Neudenker aus ganz Europa und insbesondere der Autoren. Die »Lebenslandschaft« Hermann Hesses, die zweite Heimat Alfred Anderschs, Max Frischs und Golo Manns, der Rückzugsort Friedrich Glausers und Patricia Highsmiths, das Exil Albert Ehrensteins, Stefan Georges und des selbst ernannten »Prinzen von Theben«, Else Lasker-Schüler.

Die deutsch-jüdische Poetin flüchtete in den Dreißigerjahren täglich aus ihrem kaum geheizten Zimmerchen an der Asconeser Via Borgo an die wärmende Heizung des gegenüberliegenden Caffè Verbano, in dem vermutlich ihr berühmtestes Gedicht »Mein blaues Klavier« entstand – heute bietet dort eine von zahllosen austauschbaren Modeboutiquen Fashion-Neuheiten feil. Bis vor Kurzem konnte man im Hotel Schiff-Battello einen *caffè crema* an Erich Maria Remarques Stammplatz an Tisch 43 trinken. Nun wurde es umgebaut und mit dem benachbarten Al Porto zu einem Komplex vereinigt, in dessen Bar im trendigen Shabby-Chic-Design Kids chillen, die nie von Remarque gehört haben, aber wissen, dass Jogi Löw und seine ballspielenden Jungs schon zweimal ihr Trainingslager im Hotel Giardino Ascona aufschlugen. Und vor dem Albergo Elvezia, unter dessen Pergola 1925 das für den Abschluss der Locarno-Verträge und damit für Europas Zeitläufe entscheidende Gespräch zwischen dem deutschen Kanzler Hans Luther und dem französischen Außenminister Aristide Briand stattfand, grüßt eine Tafel »Hi Folks« und wirbt für den »best burger in town«.

Kulturapokalyptische Unkenrufe sind dennoch unangebracht. »Das Leben gehört den Lebendigen an, und wer lebt, muss auf Wechsel gefasst sein«, wusste schon Goethe, und so manche Veränderung hat zweifellos ihr Gutes. »Sandalenträger mit weißen Socken habe ich hier schon lange nicht mehr gesehen«, erzählt mir Christopher Breuer. Seine Familie – neben den Eltern vier Geschwister, insgesamt also sieben Köpfe, was den Namen der 2007 gegründeten Seven Group erklärt – hat Ascona mit durchgestylten Szenerestaurants und coolen Lounge-Bars gehörig aufgemischt, anfänglich von so manchem kritisch beäugt. Vor allem lärmempfindliche Ruheständler fanden, das passe nicht hierher. Immerhin ist der aus Frankfurt stammende, durch Lkw-Kupplungssysteme reich gewordene Clanchef Stefan Breuer am liebsten barfuß unterwegs – dieses Markenzeichen verbindet ihn dann doch ein wenig mit den Aussteigern vom Monte Verità.

Nicht nur dank dieses frischen Gastrowinds haben sich Ascona und seine Gäste in den letzten Jahren deutlich verjüngt. Statt nostalgiebeseelt den Geschmack bildungsbourgeoiser Vergänglichkeit auf der Zunge zu spüren, genießen popkulturell sozialisierte Yuccies Cross-over- oder Molekularküche zu DJ-Klängen. In vergreisten Kreisen, die bevorzugt Apotheken-Gratiszeitschriften lesen, mag der Ort noch immer den Ruf eines Refugiums für Silver Ager besitzen, tatsächlich aber ist er längst auch eine Feriendestination für junge Leute und Familien, die die früher zu Recht als »Kukidentpromenade« verspottete Piazza Motta mit Lebensfreude erfüllen. Was nicht heißt, dass Ascona sich nicht auch für Ruhe- und Erholungssuchende empfiehlt, ganz im Gegenteil. Und da ich nicht zu denen gehöre, die wähnen, sie könnten ihre Jugend durch assimiliertes Freizeitverhalten zwanghaft bis ins sechste Jahrzehnt ausdehnen, möchte ich hinzufügen: Gott sei Dank.

Übrigens sollte man sich nicht der irrigen Annahme in die Arme werfen, ein längerer Aufenthalt im Tessin sei für Lieschen und Otto unerschwinglich. Natürlich treiben vor allem in der Hauptsaison die Übernachtungspreise mancher Luxusherbergen den Puls in die Höhe, doch zählen einige davon zu den besten Ferienhotels der Schweiz und lohnen so manche Sparanstrengung. Nicht zuletzt wegen dieser Hideaways mit ihrem vielfältigen Sport- und Wellnessangebot, ihrer exquisiten Kulinarik und einem Service, der kaum einen noch so ausgefallenen Wunsch unerfüllt lässt, erfreut sich der Süden der Schweiz internationaler Beliebtheit.

Die Befürchtung, ein Urlaub zwischen Almen und Palmen (wobei man in der Schweiz nicht Alm, sondern Alp sagt) sprenge zwangsläufig das Budget, ist nicht unbegründet, aber unberechtigt. Selbstverständlich können Sie auch dort nicht den Fünfer und das Weggli zugleich haben oder, wie es im Tessin heißt, *la botte piena e la moglie ubriaca*, das Fass voll und die Frau betrunken. Zumal die Preise den relativ hohen Schweizer Einkommen angepasst sind. Doch keine Angst: Preissensible finden fast überall einfache Hotels mit nur einem Stern und selbst im mondänen Ascona mit seiner einzigartigen Dichte an gehobener Hotellerie bezahlbare Pensionen. Überdies können Sie Zimmer, Wohnungen oder ganze Häuser von Privatpersonen mieten, zum Beispiel über Airbnb oder über die lokalen Agenturen, die der Associazione Case & Appartamenti di Vacanze Ticino (ACAV) angeschlossen sind, der Vereinigung der Ferienwohnungs- und Ferienhausvermieter im Tessin. Sie vermitteln wochen- oder tageweise rund 4000 Touristenbetten – mit etwas Glück lässt sich eine Schlafstelle schon für 25 oder 30 Franken pro Nacht finden.

Großen Zuspruch erhält auch der Agriturismo: Etwa hundert Betriebe ermöglichen Ferien auf dem Bauernhof. Bescheideneren Komfortansprüchen mögen Gruppenunterkünfte wie Berghütten, Jugendherbergen oder Hostels genügen, zudem warten rund vierzig Campingplätze auf naturliebende Urlauber. Und neben Gault-Millau-bepunkteten Michelin-Sterne-Restaurants finden Sie rurale Lokale, in denen Sie für weniger als zwanzig Franken speisen können. Für Sparfüchse empfehlen sich zudem die Selbstbedienungslokale der Detailhandelsunternehmen Migros und Coop sowie insbesondere jene der Warenhauskette Manor mit frisch zubereiteten Speisen aus lokal zertifizierten Produkten.

Das Beste gibt es im Tessin ohnehin gratis: die unvergleichlichen Kontraste zwischen einer spektakulären alpinen Szenerie und mediterran anmutenden Seenlandschaften, die berauschenden Farben, das angenehmen Klima ... Auf welche Weise auch immer Sie den allerschönsten Teil der berückend schönen Schweiz bereisen, hier lächelt sie, hier fühlt man sich zufriedener, heiterer, leichter. Genussbereiter.

Und Sie werden spüren, wie sich Ihre Seele erhellt.

Willkommen im Tessin!

Der Teufel wirft daneben, Goethe macht kehrt, und Sissi bohrt sich durch

Den Weg gebahnt hat Sissi. Ihrer Namenspatin, die dank stundenlanger Turnfolter und einer Ernährung mit rohem Fleischsaft gerade einmal 46 Kilogramm wog und einen Taillenumfang von fünfzig Zentimetern besaß, ähnelt sie mit 225 Tonnen Gewicht und einem Durchmesser von 9,43 Metern nur entfernt. Und auch Heidi, Gabi 1 und Gabi 2, die drei weiteren beim Bau des Gotthard-Basistunnels eingesetzten Bohrer, gleichen ihren Gotten, wie Patinnen in der Schweiz heißen, eher wenig. So nehme ich an, denn natürlich sind mir die Körpermaße von Heidi Z'graggen und Gabi Huber nicht bekannt. Doch vielleicht vertreten die beiden Urner Politikerinnen ja ihre Anliegen mit einer ähnlichen Durchschlagskraft, wie sie die Präzisionsmaschinen des baden-württembergischen Herstellers Herrenknecht besitzen.

Der ungekrönte Star des Bohrerquartetts ist jedenfalls Sissi, die ihren kaiserlichen Namen den vielen am Bau beteiligten Österreichern verdankt. Schließlich war sie es, die am 15. Oktober 2010 um genau 14.17 Uhr bei Sedrun die letzten Meter Gneis wegfräste und damit den Durchschlag in der Oströhre schaffte. Als Erste passierte eine Dame aus der Türkei den Spalt, nämlich Barbara, die gegen Ende des 3. Jahrhunderts im heutigen Izmit geborene, wegen des Übertritts zum Christentum von ihrem Vater grausam gefolterte und enthauptete Schutzpatronin der Mineure, und zwar auf den Armen des Poliers Hubert Bär. Heute steht die Heilige – mit Kopf – gleich doppelt im Tunnel: Eine Holzfigur befindet sich im Zugangsstollen Amsteg, eine weitere bei der sogenannten Multifunktionsstelle Sedrun. Sissis Kopf, genauer gesagt: Sissis Bohrkopf, kann im Verkehrshaus der Schweiz in Luzern bestaunt werden (wo übrigens einst im prächtigen Grand Hotel National die von der Hofaristokratie abschätzig als »schönes Dummerl« bezeichnete Sisi abstieg – mit einem S, was die Romy-Schneider-Filme vergessen machten). Und der aus Stall im Kärntner Mölltal stammende Hubert Bär, der zwölf Jahre lang im Gotthardtunnel arbeitete, hat die Pensionsgrenze erreicht.

Sissi und der Bär haben Verkehrsgeschichte mitgeschrieben. Der am 1. Juni 2016 nach 17-jähriger Bauzeit ohne große Kostenüberschreitungen eröffnete, am 11. Dezember 2016 in den fahrplanmäßigen Betrieb übergegangene Gotthard-Basistunnel, der aus zwei 57 Kilometer langen, parallel verlaufenden und durch 176 Querschläge verbundenen Röhren besteht, übertrifft den Eurotunnel unter dem Ärmelkanal um sieben Kilometer und ist damit der längste Eisenbahntunnel der Welt. Zudem besitzt er die höchste Gesteinsüberdeckung – die Gebirgsschichten über ihm steigen unweit des Piz Vatgira bis auf 2450 Meter an. Sein

12,2 Milliarden Franken teurer Bau war das größte Investitionsprojekt in der Geschichte der Eidgenossenschaft.

Wesentlicher als alle Guinnessbucheinträge sind die Auswirkungen, die dieser Teil der Neuen Eisenbahn-Alpentransversale (NEAT) auf den Güterverkehr zwischen Nordsee und Mittelmeer hat, welcher nun über eine weitgehend ebene Gleisbettverbindung verlaufen kann. Vielleicht sogar auf das Verhältnis zwischen der Deutschschweiz und dem Tessin, wo der Tenor seit jeher lautet, man komme immer zu kurz, und gern gegen die »Vögte aus Bern« gewettert wird – die schnellere Verbindung könnte den Kitt zwischen den Landesteilen verstärken. Und sicherlich auf den Tourismus; der neue Tunnel wird im Tessin als gewaltige Chance verstanden.

Tatsächlich steigt, seit sich die Reisezeit von Zürich nach Bellinzona um gut dreißig Minuten auf gerade mal eine Stunde und 38 Minuten verkürzt hat, die kurzfristige Nachfrage nach Hotelbetten sprunghaft an, sobald die Wochenendprognosen für die Deutschschweiz Dauerregen, fürs Tessin aber Sonne verheißen. Und auch die Zahl der Tagestouristen hat seit der Inbetriebnahme des Gotthard-Basistunnels markant zugenommen. Schon während der Bauzeit stimulierte er die Modernisierung der touristischen Infrastruktur im Tessin; weit über 500 Millionen Franken sind in Hotels, Freizeit- und Kultureinrichtungen investiert worden wie das im Spätsommer 2015 eröffnete Kulturzentrum Lugano Arte e Cultura, kurz LAC, das ein reichhaltiges Programm an Ausstellungen, Konzerten, Theater- und Tanzaufführungen bietet und zudem das MASI, das Museo d'Arte della Svizzera italiana, beherbergt. Auf ganz andere Weise attraktiv ist das Baden in den verschieden temperierten, kaskadenmäßig angeordneten Solebecken des im Sommer 2013 eröffneten Termali Salini & Spa, einer Wellnessoase in Locarno, die wie ein gestrandeter Luxusliner am Ufer des Lago Maggiore liegt und einen berückenden Ausblick auf See und Berge bietet.

Während Sie sich im Intercity oder Eurocity von Zürich in Richtung Süden bequem in Ihrem Sitz fläzen und *es Kafi und es Gipfeli* genießen, einen Kaffee im Pappbecher und ein hoffentlich nicht allzu pappiges Croissant, passieren Sie den Zugersee, den kleinen Lauerzersee und schließlich den Vierwaldstättersee. Schauen Sie, nachdem Sie den ersten von mehreren Tunneln durchfahren haben, in Fahrtrichtung rechts aus dem Fenster, sehen Sie am gegenüberliegenden Ufer den obeliskförmigen Schillerstein und kurz darauf eine Wiese: das Rütli, den geschichtsträchtigen Ort, an dem am 1. August 1291 die drei Abgesandten der Schweizer Urkantone Uri, Schwyz und Unterwalden einen ewigen Bund beschworen. Dass dort seit 2015 langhaarige Schottische Hochlandrinder weiden statt des alteingesessenen Rätischen Grauviehs, verletzte so manchen Helvetier in seinem Nationalstolz. Doch der Geschäftsführer der Schweizerischen Gemeinnützigen Gesellschaft, die die Wiese seit 1860 besitzt, machte klar: »Ausländerfeindlichkeit gegenüber Zweibeinern ist arg genug. Wenn sich dies auf Vierbeiner ausweitet, wird es absurd.« In der Umfrage einer auflagenstarken Gratiszeitung erklärten immerhin 52 Prozent der 2359 Teilnehmer: »Die Schweiz ist ein weltoffenes Land. Darum ist es auch unwichtig, woher das Vieh kommt, das auf dem Rütli grast.«

Fremde spielten schon beim sagenhaften Schwur der Urschweizer eine zentrale Rolle. Die Schweiz sei entstanden als Bund gegen die Habsburger, die den Weg über den Gotthard beherrschen wollten, lautet ein weitverbreitetes Narrativ, das freilich die größere Bedeutung des Brenners und der Bündner Pässe im Mittelalter ignoriert. Gleichwohl ist der Glaube lebendig, ohne den Gotthard – um 1300 benannt nach dem 1131 heiliggesprochenen Bischof von Hildesheim – gebe es keine Eidgenossenschaft. Das wenig markante Gebirge (kein Wunder, dass im kalifornischen Disneyland eine verkleinerte Kopie des Matterhorns und keine Gotthardminiatur steht) gilt als die Keimzelle der Schweiz, als der Urgrund ihrer Gemeinschaft, der Fels, auf dem sie ruht. Der Gotthard ist ihr über die Flüsse Reuss, Rhein, Rhône und Ticino mit Europas Kulturräumen verbundenes Herz – und zugleich ein Symbol des Willens zur schweizerischen Unabhängigkeit von fremden Mächten. Im Zweiten Weltkrieg hätte sich das Militär im Fall eines Angriffs im »Réduit« verschanzt, dessen Zentrum ein gigantischer Festungskomplex im Gotthardmassiv war, und die Zivilbevölkerung den Invasoren preisgegeben. »Wie manche Winter du es durchhältst«, fragte Max Frisch, »wenn du weißt: Ein Offizier der Wehrmacht wohnt bei deiner Frau in Zürich, zwei oder drei Freunde sind vermutlich in einem KZ, alle anderen schuften für das Dritte Reich, während wir in unserer Stellung da oben ausharren als Verteidiger der Murmeltiere.«

Längst ist dieser Schweizer Mythos durchlöchert wie ein Käse, und so rasen Sie nun im Zug mit 200 Stundenkilometern mitten hindurch. In den ersten Monaten nach der Eröffnung informierte eine beruhigend freundliche Frauenstimme vom Band auf Italienisch, Deutsch, Französisch und Englisch darüber, dass die Durchfahrt durch den längsten Tunnel der Welt zwanzig Minuten dauere. Mittlerweile bewirbt sie viersprachig »köstliche Speisen, Snacks und erfrischende Getränke«, die man im Zugrestaurant konsumieren könne. Sobald Sie in Höhe der Ortschaft Erstfeld das Nordportal passiert haben, gibt es nichts mehr zu sehen, in der Röhre ist es stockdunkel, nur hin und wieder zuckt der Schein einer Neonlampe vorbei. Sie haben also Zeit zu schmökern. Zum Beispiel in Bernhard Kellermanns 1913 veröffentlichtem Science-Fiction-Bestseller »Der Tunnel« über den 26-jährigen Bau einer interkontinentalen Verbindung am Grund des Atlantiks. Oder, angesichts der beschränkten Zeit, die Ihnen die Durchquerung lässt, vielleicht noch besser in Friedrich Dürrenmatts gleichnamiger Kurzgeschichte – sofern Sie nicht unter Klaustrophobie leiden und fürchten, lebendig begraben zu werden. Ein 24-Jähriger, »fett, damit das Schreckliche hinter den Kulissen, welches er sah (das war seine Fähigkeit, vielleicht seine einzige), nicht allzu nah an ihn herankomme«, steigt »in den gewohnten Zug« und ist irritiert, dass dieser ungewöhnlich lange durch einen eigentlich sehr kurzen, nun aber scheinbar endlosen Tunnel fährt, welcher immer steiler in die Tiefe führt: »Gott ließ uns fallen, und so stürzen wir denn auf ihn zu.«

Das Licht am Ende des Gotthardtunnels scheint tatsächlich göttlich, wenn mit einem Quäntchen Glück Nordföhn herrscht, die Tessiner Sonne mit dem wolkenlosen blauen Himmel um die Wette strahlt und Ihr Gemüt wärmt. Zugegeben, mehr als einmal habe ich mich bei herrlichstem Wetter in Basel in den Zug gesetzt und bin im deutlich kälteren, völlig verregneten Locarno angekommen. Mitunter transportieren ausgeprägte Tiefdruckkomplexe über dem westlichen Mittelmeerraum feuchte Luftmassen gegen die Alpensüdseite und sorgen für heftige Niederschläge; die Wolkenuntergrenze liegt dann nur noch wenige Hundert Meter über dem Boden. Hoffen und Harren macht manchen zum Narren, aber falls Sie hinter dem Gotthard deprimierendes Grau begrüßt, sollten Sie das fatale Sprichwort einfach vergessen und darauf vertrauen, dass die berüchtigte Südstaulage irgendwann unweigerlich zusammenbricht.

Kurz nach der Tunnelausfahrt können Sie linker Hand einen Blick auf die nach der Schlacht bei Giornico im Jahr 1478 zum Gedenken an die Gefallenen erbaute Chiesa dei Santi Innocenti erhaschen – wann immer ich ihren schlanken, unverputzten Steinturm sehe, weiß ich: Jetzt bin ich im Tessin! Versperren nicht gerade Schallschutzmauern die Sicht, erspähen Sie zwischen mäßig hübschen Neubauten die ersten schiefergedeckten Häuser und hier und da einen Kamelienbaum, eine Palme oder eine Zypresse, von den Bergen stürzen Wasserfälle. Und doch sind die ersten zwanzig Minuten im traumschönen Tessin für Neulinge ernüchternd. Die Fahrt führt vorbei an einem Chemiewerk, einem Maschinenbauunternehmen, einem Baustoffhandel, einer Betonfabrik, einem Kieswerk und der Vertriebszentrale eines Detail- und Großhandelsunternehmens. Keine Eindrücke, die danach schreien, verpixelt zu werden, sondern die davon zeugen, dass der Kanton kein allein auf Touristen ausgerichtetes, mediterran anmutendes Heidiland ist.

Zum ersten Mal auf der Alpensüdseite macht der Schnellzug halt in Bellinzona, dem Hauptort des Kantons Tessin seit 1881 – bis dahin hatten sich Bellinzona, Lugano und Locarno seit 1803 alle sechs Jahre als Hauptort abgewechselt. Der Begriff Kantonshauptstadt wird übrigens allenfalls umgangssprachlich verwendet, wie Bern offiziell nicht als Hauptstadt der Schweiz, sondern als Bundesstadt bezeichnet wird.

Wer nicht an den Luganer-, sondern an den Langensee möchte, muss meist in Bellinzona umsteigen. Die von Deutschschweizern gelegentlich als das »Olten des Tessins« diffamierte Stadt ist weit mehr als ein Verkehrsknotenpunkt und lohnt einen mehrtägigen Aufenthalt nicht nur zum Rabadan, der zweitgrößten Fasnacht der Schweiz nach der Basler. Das Dialektwort *rabadán*, das Lärm, Rummel, Radau bedeutet, ist eine phonetische und semantische Verballhornung des arabischen Wortes *ramadan* und geht auf die Zeit der Kreuzzüge zurück. Mehr oder weniger fromme Krieger aus dem Piemont bemerkten im Orient, dass die Muslime tagsüber fasteten und nach Sonnenuntergang aßen, tranken und feierten. Letzteres beeindruckte sie offenbar stärker; andernfalls wäre *rabadán* heute wohl eine Tessiner Bezeichnung für Gebet und Fasten und die so benannte Festivität ein recht exklusives Event. So aber amüsieren sich während der *settimana grassa*, der »fetten Woche«, rund 150 000 Besucher in den Festzelten der *città del carnevale* und auf den Straßen. Bei Veranstaltungen wie der Stadtschlüsselübergabe durch den Stadtpräsidenten an Seine Majestät *Re Rabadan*, den von der örtlichen Karnevalsgesellschaft gewählten »König«, am Abend des *giovedì grasso*, des »Schmutzigen Donnerstags«. Wie dem *corteo dei bambini*, dem Umzug der Kinder am Freitag, den *concerti delle Guggen*, Guggenmusikkonzerten am Samstag, dem *grande corteo mascherato*, einem Maskenumzug mit Wagen und Guggengruppen am Sonntag. Und dem abschließenden Essen mit *risotto alla milanese* und *luganighe*, Schweinswürsten (für Inhaber des »Pass Settimanale Rabadan« kostenlos). Halten sich die postalkoholischen Symptome in erträglichen Grenzen, können Sie sich am *mercoledì delle ceneri*, am Aschermittwoch, in der Chiesa collegiata dei Santi Pietro, Paolo e Stefano die Asche verbrannter Olivenzweige aufs Haupt streuen lassen und die Vergänglichkeit des irdischen Lebens reflektieren – oder auf den Karneval nach ambrosianischem Ritus vorbereiten, der in den kommenden Tagen in den Nordtessiner Tälern Leventina und Blenio, in Brissago, in Biasca und in Tesserete bei Lugano gefeiert wird ...

Doch zu welcher Jahreszeit auch immer Sie Bellinzona erreichen, zumindest einen Zwischenhalt sollten Sie einlegen, Ihr Gepäck in einem Schließfach deponieren und durch den platanengesäumten Viale Stazione zum *centro storico*, zur Altstadt, flanieren, über die Piazza Collegiata und durch die Via Nosetto zum gleichnamigen Platz. Am besten am Samstagvormittag, denn dann findet der Wochenmarkt statt, auf dem neben regionalen Käsesorten und Wurstwaren auch Kunsthandwerk und Antiquitäten angeboten werden. Die Kirchen, die reich verzierten Patrizierhäuser, die Arkadengänge, das nach dem Vorbild der Mailänder Scala erbaute klassizistische Teatro Sociale, ja sogar der in den 1920er-Jahren errichtete, aber mit seinem hohen Turm und dem Loggienhof an ein mittelalterliches Rathaus erinnernde Palazzo Civico erzählen die Geschichte einer lombardischen Kulturstadt. Erst 1500 unterwarf sich Bellinzona, das unter der Herrschaft der Visconti und der Sforza jahrhundertelang zum Machtbereich des Herzogtums Mailand gehörte, den Eidgenossen; 1521 kam das heutige Tessin politisch unter die Verwaltung der damaligen zwölf

Schweizer Kantone. Die Wehranlagen mit dem Castelgrande und dem Castello di Montebello aus dem 13. Jahrhundert sowie dem kleinen, im 15. Jahrhundert errichteten Castello di Sasso Corbaro gehören zu den bedeutendsten Zeugnissen mediävaler Befestigungsbaukunst im Alpenraum und seit dem Jahr 2000 zum Weltkulturerbe der UNESCO.

Dass immer mehr Gäste statt im Auto mit dem Zug anreisen – die Schweizerischen Bundesbahnen verzeichnen im Gotthardverkehr dank des Basistunnels stattliche dreißig Prozent mehr Reisende –, hat nicht nur mit der fulminanten Zuverlässigkeit der SBB zu tun, die entnervte Kunden der Deutschen Bahn vor Neid erblassen lässt. Wer beim Betreten eines deutschen Bahnhofs gewohnheitsmäßig die Anzeigentafel checkt, um sich zu vergewissern, dass der ICE mindestens dreißig Minuten Verspätung hat, vernimmt auf helvetischen Bahnsteigen nur im Ausnahmefall eine Durchsage, die zerknirscht um Entschuldigung für eine vierminütige Verzögerung und die dadurch entstandenen Unannehmlichkeiten bittet. Obwohl das Schweizer Streckennetz wesentlich dichter und stärker befahren ist als das deutsche, sind Züge fast immer pünktlich, was per definitionem bedeutet, sie erreichen den Zielbahnhof maximal drei Minuten nach der fahrplanmäßigen Zeit. Kein Wunder, dass sich die Schweizer mit ihrer Bahn identifizieren und statistisch gesehen pro Kopf und Jahr 2277 Bahnkilometer zurücklegen: Weltrekord! Der Durchschnittsdeutsche bringt es auf gerade mal 979.

Ein ebenso gewichtiges Argument für den umweltfreundlichen Verzicht auf den eigenen Pkw ist die nur schwerlich zu optimierende Mobilität innerhalb des Kantons, welche die in den nationalen Tarifverbund integrierten und im Takt aufeinander abgestimmten regionalen und lokalen Verkehrsmittel garantieren. Noch führt der Schienenverkehr zwischen dem Nord- und Südteil des Tessins über den Monte Ceneri, doch ab 2020 wird der 15 Kilometer lange Ceneri-Basistunnel die Reisezeit mit der S-Bahn zwischen Locarno und Lugano von 55 auf 22 Minuten reduzieren. Der Verwaltungssitz Bellinzona, die Tourismusstadt Locarno und das Wirtschaftszentrum Lugano werden zur »Città Ticino« zusammenwachsen. (Ganz nebenbei: Die Stadt Tessin bei Rostock hat ebenso wie die Gemeinde Tessin bei Boizenburg und der Wittendörper Ortsteil Tessin samt dem als Fachklinik für Drogenabhängige dienenden Schloss Tessin, die alle im deutschen Bundesland Mecklenburg-Vorpommern liegen, nicht das Geringste mit ihrem Schweizer Vetter zu tun, sondern verdankt ihren wendischen Namen dem Gründer Têša.)

Selbst im entlegensten Alpental ist nahezu jedes Dorf mit dem PostAuto oder, wie es im Tessin heißt, dem AutoPostale erreichbar, dem motorisierten Nachfolger der Pferdepostkutsche: Die PostAuto Schweiz AG, eine hundertprozentige Konzerngesellschaft der Schweizerischen Post, ist das führende Busunternehmen im öffentlichen Verkehr. Ihre Fahrzeuge erkennen Sie optisch an der gelben Farbe und akustisch am presslufthammerlauten Dreiklanghorn, dessen unverkennbares »Dü-da-doo« aus dem Andante der Ouvertüre zu Rossinis Oper »Wilhelm Tell« stammt und als Warnsignal an engen Bergkurven erklingt.

Fahren können Sie als Tourist mit Bussen und Bahnen kostenlos, sofern Sie in einem Hotel, in einer Jugendherberge oder auf einem Campingplatz übernachten. Seit 2017 erhalten deren Gäste bei der Ankunft das »Ticino Ticket«, das bis zum Abreisetag zur freien Nutzung der Bahnlinien, Stadt- und Regionalstrecken des öffentlichen Verkehrs im gesamten Kanton berechtigt (die Mitnahme von Hunden ist übrigens inbegriffen, der Transport von Fahrrädern dagegen nicht); zudem gewähren diverse Bergbahnen, Schifffahrtsgesellschaften und touristische Attraktionen Vergünstigungen.

Wer den Kanton ohne »Ticino Ticket« erkundet, sollte darauf achten, das notwendige Billett vor Einstieg in die S-Bahn oder den Bus am Automaten zu lösen. In den Fahrzeugen gilt das Prinzip des *autocontrollo*, der Selbstkontrolle. Das heißt, die Fahrgäste übernehmen die Verantwortung für den Besitz eines gültigen Fahrausweises – und bezahlen, sollten sie ohne einen solchen erwischt werden, einen Zuschlag in happiger Höhe von hundert Franken.

Dass nicht sämtliche Strecken im Viertelstundentakt, sondern unter Umständen eher sporadisch bedient werden, versteht sich von selbst. Es empfiehlt sich also, die Fahrpläne vorab zu studieren. Inklusive des Kleingedruckten: Wenn Sie, wie ich einmal in Ascona, länger als ein paar Minuten auf den annoncierten Bus warten, sollten Sie die FART, die Ferrovie Autolinee Regionali Ticinesi, nicht gleich der Unzuverlässigkeit bezichtigen, sondern sich versichern, dass Sie nicht einen der regionalen oder lokalen Feiertage, an denen der Sonntagsfahrplan gilt, übersehen haben. Zu den gesetzlichen Ruhetagen im Kanton Tessin gehören St. Josef am 19. März, Peter und Paul am 29. Juni und Mariä Empfängnis am 8. Dezember; in Bellinzona gilt zudem der Aschermittwoch als den Sonntagen gleichgestellter Feiertag.

Man kann also das Tessin problemlos ohne eigenes Auto erkunden (falls Sie dennoch nicht darauf verzichten wollen: Geschwindigkeitsübertretungen und andere Verstöße sind in der Schweiz ein äußerst kostspieliges Vergnügen!) und folglich bequem mit dem Zug anreisen. Von Hamburg nach Locarno benötigt man dafür knapp zehn Stunden, von Wien nach Lugano eine halbe Stunde länger, von München nach Bellinzona braucht man sechs Stunden.

Autolos unterwegs im Tessin sind Sie, sofern Sie keinen Pkw mieten, auch, wenn Sie zu Hause ein Flugzeug besteigen. Für die Landung eignen sich zum einen die Mailänder Flughäfen. Von Milano Malpensa aus, keine Autostunde von Lugano entfernt, gelangen Sie mit dem Shuttlebus oder mit dem Zug ins Tessin, die Verbindung ist indes optimierbar: Die S40 der Regionalbahn TILO, der Treni Regionali Ticino Lombardia, die Terminal 1 und Terminal 2 bedient, verkehrt nur im Zweistundentakt nach Chiasso und Mendrisio, wo man nach Lugano oder Bellinzona umsteigen muss. Die meisten Deutschen und Österreicher bevorzugen den von zahlreichen Destinationen aus bedienten Flughafen Zürich, der bestens ans Schienennetz angebunden ist: Nach Bellinzona dauert die Fahrt inklusive Umsteigen am Zürcher Hauptbahnhof zwei Stunden. Zudem verkehren von dort Flüge zum im Vorort Agno gelegenen Lugano Airport. Dieser ist so winzig wie effizient und erlaubt als einer von wenigen Flughäfen weltweit das Einchecken bis zwanzig Minuten vor dem Start. Dafür verzichten Sie auf die Infrastruktur eines multifunktionalen Großflughafenkomplexes mit Shoppingmalls und Restaurants; immerhin öffnen eine kleine Snackbar und ein Duty-free-Shop etwa vierzig Minuten vor jedem Abflug. Sollten

Sie über die entsprechende Portokasse verfügen, können Sie auch einen Privatjet oder einen Helikopter mieten, der Sie ans gewünschte Ziel bringt. Ansonsten beschränkt sich das Angebot in Lugano-Agno zurzeit auf täglich drei Swiss-Flüge nach Zürich. Glücklicherweise, denn so erstickt das Tessin noch nicht unter dem Massenansturm von Easyjet- und Ryanair-Passagieren, und die meisten Ortschaften sind von einem Übermaß an Shisha, Sushi und Chichi verschont geblieben – was uns lautmalerisch zurück zu Sissi führt.

Wer auf ihren Spuren im Zug durch den Basistunnel saust, erfährt im wahrsten Sinne des Wortes ein einmaliges Meisterwerk der Ingenieurskunst, doch hat der Gotthard die Menschen schon Jahrhunderte zuvor zu technischen Höchstleistungen angestachelt. Wo von Westen und Südwesten her die Berner und die Walliser, von Osten und Südosten her die Glarner und die Bündner Alpen ineinanderlaufen, wo von Norden das Reusstal und von Süden die Leventina weit ins Gebirge einschneiden, sind die Alpen schmaler als anderswo. Hier muss auf direktem Weg zwischen Basel und Mailand, zwischen Frankfurt und Rom in nur einem Auf- und Abstieg ein einziger Kamm überquert werden.

Lange galt jedoch die zerklüftete Schöllenenschlucht im oberen Reusstal als unüberwindliches Hindernis. Die Römer nutzten den Übergang über den Mons avium, den wir als San Bernardino kennen, oder den Septimer, begingen den Furka- oder den Oberalppass. Der Gotthard dämmerte im Schatten der Geschichte dahin, noch im Mittelalter führten die großen Verkehrswege in den Süden über den Brenner, den Julier und den Septimer oder den

Lukmanier. Erst um 1230 wurde der Gotthard zum zentralen Alpenübergang, als es gelang, hölzerne Stege an den teils sogar überhängenden Wänden der angsteinflößenden Schöllenen auf im Fels verkeilten Balken zu befestigen, darunter die sechzig Meter lange Twärrenbrücke entlang des fast senkrecht zur Reuss abfallenden Chilchbergs.

Da die Urner an der Errichtung einer Brücke über den tosenden Fluss scheiterten, schlossen sie, so geht die Sage, einen Pakt mit dem Leibhaftigen. Wenn er einen Übergang baue, erhalte er die Seele desjenigen, der diesen zuerst überquere. Die Urner, nicht dumm, jagten einen Geißbock hinüber, der erzürnte Teufel wollte die Brücke mit einem Felsbrocken zertrümmern, doch ein Kreuz, das eine fromme Greisin flugs hineinritzte, verwirrte ihn so, dass der Fels sein Ziel verfehlte und in der Nähe von Göschenen landete. Vielleicht war es ihm eine kleine Genugtuung, dass man 1973 stattliche 300 000 Franken investieren musste, um jenen rund 2000 Tonnen schweren Teufelsstein hydraulisch auf eigens gebaute Schienen zu hieven und 127 Meter zu verschieben, da er beim Bau der Gotthardautobahn im Weg war.

Erst einmal aber wurde gegen Ende des 17. Jahrhunderts der waghalsige Saumweg verbreitert und mit Granitsteinen und Gneisplatten gepflastert, 1707/08 in elfmonatiger Bauzeit die weggespülte Twärrenbrücke durch das Urnerloch ersetzt. Diesen allerersten Straßentunnel im Alpenraum, 64 Meter lang und gerade hoch genug, dass reiterlose Saumtiere durchkamen, hatte einer der zahlreichen begnadeten Tessiner Baumeister konstruiert: der aus Cerentino stammende Pietro Morettini, ein Schüler des mit dem Ehrentitel »Ingénieur de France« ausgezeichneten Festungsbaumeisters Vauban. 1799 wurde die einbogige Steinbrücke, die 1595 den teuflischen Holzsteg ersetzt hatte, bei einem Gefecht zwischen russischen und napoleonischen Truppen unpassierbar, 1830 schuf eine neue Teufelsbrücke Ersatz. Im selben Jahr wurde das Urnerloch vergrößert und kurz darauf die Via Tremola mit ihren 24 Haarnadelkurven auf der Südflanke des Massivs fertiggestellt, ein weiterer Meilenstein beim Ausbau der fürs Tessin immens wichtigen Nord-Süd-Verbindung. Nun war die Straße über den 2106 Meter hohen Gotthardpass komplett, sodass auch schwere Lastfuhrwerke die Strecke befahren konnten, und ab 1835 verkehrten regelmäßig Postkutschen zwischen der Innerschweiz und dem Tessin, das seit 1803 kein Untertanengebiet mehr war, sondern ein gleichberechtigter Kanton der Eidgenossenschaft – dennoch führten im Tessin viele wirtschaftliche, kulturelle und familiäre Verbindungen bis ins 20. Jahrhundert hinein in die Lombardei.

Jahrzehntelang blieb die rund 110 Kilometer lange Gotthardstraße zwischen Altdorf und Biasca die wichtigste Verbindung über die Alpen. Doch erst der Bau einer Eisenbahntrasse ermöglichte den massenhaften Güter- und Personentransport. 1869 veranschlagte die Gotthardkonferenz die Gesamtkosten für den Bau der Gotthardbahn als Herzstück der internationalen Verkehrsachse zwischen Nordsee und Mittelmeer auf 187 Millionen Franken. Italien steuerte 45 Millionen bei, Deutschland und die Schweiz gaben je 20 Millionen, und private Investoren brachten 102 Millionen auf (1878 erforderten Kostenüberschreitungen eine Nachfinanzierung in Höhe von 40 Millionen). Damit eine für Dampflokomotiven zu bewältigende Steigung eingehalten werden konnte, musste man die beidseitigen Rampen durch Schleifen und spiralförmige Tunnel künstlich verlängern. Der wichtigste Streckenteil aber war ein Tunnel, der das Massiv in über 1100 Meter Höhe durchbohrt.

Die Arbeiten an diesem Scheiteltunnel begannen am 12. September 1872. Den Zuschlag für die Bauarbeiten hatte für 42 Millionen Franken die Firma des Genfers Louis Favre erhalten, der seine Konkurrenten nicht nur deutlich unterboten, sondern sich zudem verpflichtet hatte, eine Strafe in Höhe von 5000 Franken pro Tag zu bezahlen, sollte die vereinbarte Bauzeit von acht Jahren überschritten werden; nach sechs Monaten sollte sich diese Verzugssumme sogar auf 10 000 Franken täglich erhöhen. Bis zu 3305 überwiegend italienische Arbeiter schufteten im Dreischichtbetrieb auf der damals weltweit größten Baustelle, viele von ihnen, bei Temperaturen bis vierzig Grad und einer Luftfeuchtigkeit von mehr als 95 Prozent, völlig nackt; die Notdurft verrichteten sie am Arbeitsort. Als sich 1875 der Unmut über die unzulänglichen Arbeits- und Lebensverhältnisse in einem Streik entlud, schoss die Urner Miliz ziellos in die Menge – vier Menschen starben, Favre erhielt eine Rechnung in Höhe von 2570,15 Franken für die »Entsendung bewaffneter Mannschaft«. Diese Toten waren bei Weitem nicht die einzigen Opfer des Unternehmens, mindestens 199 Mineure wurden von Dynamit zerfetzt, von Lokomotiven zerquetscht oder von Felsen erschlagen. Auch beim Bau des neuen Basistunnels ließen trotz aller Sicherheitsvorkehrungen neun Menschen ihr Leben, was, wie man mit schweizerischer Gründlichkeit errechnete, 0,17 Toten pro Kilometer Tunnel entsprach gegenüber

13,3 Opfern pro Kilometer beim Bau des ersten Eisenbahntunnels – nicht eingerechnet die Hunderte von Arbeitern, die im 19. Jahrhundert wegen mangelhafter Hygiene in den Unterkünften an Seuchen starben, an einer Staublunge oder an der sogenannten Mineurskrankheit, der Blutarmut durch Wurmbefall.

Zweihundertfünfzehn Tage bevor am 28. Februar 1880 der Durchschlag gelang, erlag Favre mit 53 Jahren den Folgen eines Risses in der Bauchaorta. Im Juli 1881 waren die Ausbruch- und Sprengarbeiten beendet, am 1. Januar 1882 wurde der aus einer doppelgleisig ausgebauten Röhre bestehende, letztlich fast 67 Millionen Franken teure Eisenbahntunnel zwischen Göschenen im Kanton Uri und dem Tessiner Ort Airolo dem Betrieb übergeben. Er war mit 15 Kilometern der längste der Welt, Favres Familie finanziell ruiniert – und das Tessin zum ersten Mal in der Geschichte von Norden über eine schneesichere Verkehrsverbindung erreichbar. Bellinzona und Lugano erhielten Bahnhöfe für den Durchgangsverkehr, nach Locarno führt bis heute eine Stichbahn.

Sie können trotz des neuen Basistunnels noch immer auf dieser kühnen Bahnstrecke durch den Scheitel-, sieben Kehr- und 24 weitere Tunnel fahren. Die SBB bieten von Frühjahr bis Herbst an Wochenenden und im Sommer täglich spezielle Reisen von Luzern nach Bellinzona beziehungsweise Lugano an. Von Luzern schippern Sie mit dem Dampfschiff über den Vierwaldstättersee nach Flüelen, wo Sie der Gotthard Panorama Express erwartet. Insbesondere aus den Panoramawagen der ersten Klasse genießen Sie einzigartige Ausblicke – in jeder Klasse aber die Fahrt durch spektakuläre Kehrtunnel: Dreimal überqueren die Gleise die Meienreuss, jedes Mal sehen Sie aus einer anderen Perspektive den vielleicht populärsten Sakralbau der Schweiz. Ihren Ruhm verdankt die dem heiligen Gallus gewidmete Pfarrkirche von Wassen, die auf einer auskragenden Bergflanke steht, zu einem nicht unbeträchtlichen Teil dem Kabarettisten Emil, der in einem Sketch erklärt, warum man »s Chileli vo Wasse« mal von unten, dann von vis-à-vis und schließlich von oben sieht. Dass der damals 83-jährige Emil Steinberger im Jahr 2016 zur Eröffnung des Basistunnels seinen Klassiker noch einmal zum Besten gab, war ein Höhepunkt des von Zehntausenden besuchten Volksfestes.

An die durch die neue Streckenführung aus dem Fokus gerückte Kirche erinnern aber auch die Berner Mundart-Rapper Lo & Leduc. Im Titel »Chileli vo Wasse« dient sie als Metapher dafür, dass man Menschen sprichwörtlich zweimal im Leben trifft, manchen aber nicht auch noch ein drittes Mal begegnen möchte: »När fahrt wider jede sini Schine / Solang bis s eim irgendwenn wider chert / Aber du, du bisch mis Chileli vo Wasse / U das hani gloub itz de langsam gseh.« Wenn auch Sie sich an der Wassener Kirche sattgesehen haben, dauert es noch etwa fünf Minuten, bis der Zug das gemauerte Nordportal des Gotthard-Scheiteltunnels passiert, auf dem in römischen Ziffern das Jahr der Eröffnung prangt: »MDCCCLXXXII«. Kurz nach der Tunnelmitte, nach exakt 7822 Metern, überquert er auf 1151 Metern ü. d. M. den höchsten Punkt der Strecke und zugleich die Grenze zum Tessin.

Dieser erste Eisenbahntunnel war so etwas wie der Suezkanal der Alpen. Die Gotthardbahn förderte die Ausbreitung von Handel und Kleinindustrie und brachte dem landwirtschaftlich geprägten Süden der Schweiz einen bescheidenen wirtschaftlichen Aufschwung, drängte aber andererseits auch so manche Gemeinde am alten Saumweg ins Abseits – heute degradieren Autobahn und Intercityverbindungen die gesamte Leventina, jahrhundertelang ein Begegnungsraum deutscher und romanischer Kultur, zum Transitkorridor.

Das hübsche Giornico etwa liegt mir am Herzen. Nicht aus Nationalstolz auf die siegreiche *battaglia dei Sassi grossi* im Jahr 1478, bei der 600 tapfere Eidgenossen und Leventiner ein 10 000 Mann starkes mailändisches Heer in die Flucht schlugen, sondern weil die Straße in Basel, an der ich viele Jahre gewohnt habe, seinen Namen trägt. Einst war Giornico ein politisches und religiöses Zentrum und dank des Säumerverkehrs ein wichtiger Handelsplatz. Mit der Inbetriebnahme der Bahn stellte die Gotthardpostlinie den Betrieb ein, Giornico verlor seine Bedeutung, und heute taucht sein Name vermutlich auf kaum einer touristischen Bucket List auf – zu Unrecht! Die Gemeinde besitzt die bedeutendste Ruine einer prähistorischen Wehranlage in der Schweiz, zwei über 600 Jahre alte Steinbrücken und gleich sieben Kirchen, darunter San Nicolao aus dem 12. Jahrhundert, das eindrucksvollste romanische Bauwerk im gesamten Tessin (achten Sie auf die Säulenkapitelle in der Hallenkrypta!), Santa Maria di Castello, einst Teil einer im 11. Jahrhundert angelegten mailändischen Burg, und die 1345 geweihte Chiesa San Pellegrino mit prächtigen Fresken aus dem 16. Jahrhundert.

Nicht zu vergessen ein architektonisches Kleinod ganz anderer Art, ein Gesamtkunstwerk auf einer Wiese zwischen Gleisen und Fluss am nördlichen Dorfrand: La Congiunta. Der 1989 bis 1992 errichtete, 1995 im Wettbewerb

»Neues Bauen in den Alpen« prämierte, in seinem Minimalismus radikale Bau aus gegenseitig versetzt komponierten Kuben wurde vom Architekten Peter Märkli eigens für rund dreißig Reliefs und Halbfiguren des Bildhauers Hans Josephsohn entworfen, der 1938 wegen seiner jüdischen Abstammung in die Schweiz geflohen war. Das archaische Betongebäude entzieht sich allen vermeintlichen Zwängen eines modernen Museumsbetriebs, es ist ungeheizt, seine ausschließlich natürliche Beleuchtung erfolgt durch Lichtkanäle, es gibt keine Besucherparkplätze, keinen Shop und kein Café, ja nicht einmal Aufsichtspersonal: Wollen Sie die beeindruckende Ausstellung besuchen, müssen Sie den Ticino überqueren und sich den Schlüssel in der Osteria Giornico besorgen.

Entscheidend war die Inbetriebnahme der Gotthardbahn nicht zuletzt für den Tourismus. Begünstigt durch die Anbindung an die Strecke Mailand–Basel avancierte beispielsweise der Bezirkshauptort Faido, wo einst hundert Saumpferde stationiert waren, zur bevorzugten Sommerfrische wohlhabender Mailänder Familien, zog als wichtigster Luftkurort im oberen Tessin aber auch Gäste aus England an, aus Deutschland, Russland und Frankreich. 1889 war Faido die erste elektrifizierte Gemeinde des Kantons.

Hatten sich die meisten Kurgäste früher auf die angenehmen Übergangszeiten im Frühjahr und im Herbst – ideal für die damals angesagten »reinigenden« Traubenkuren – beschränkt, wuchs nun die Zahl derer, die im milden Klima am Luganer- und am Langensee das Licht der Wintersonne genießen wollten, meist mit großer Familie, Kinderfrau, Kammerzofe und Diener anreisten und nicht selten sechs bis acht Wochen blieben. Schon der Deutsch-Französische Krieg 1870/71, der die Deutschen gezwungen hatte, Alternativen zu den Orten an der Riviera zu suchen, hatte einen Aufschwung insbesondere für Lugano gebracht, das die damaligen Reiseführer als attraktivstes Ziel der Südschweiz rühmten. Es sei »die schönste und intelligenteste Stadt des Schweizerkantons«, heißt es im 1874 erschienenen Band »Ober-Italien« der Reihe »Meyers Reisebücher«, der betont, »die lebendige Rührigkeit der Einwohner« sei »durch den schweizerischen Charakter gefestigt«. Der »Bäder-Almanach« des Jahres 1910 vermerkt: »Es eignet sich besonders zur Kräftigung zarter Konstitutionen im jugendlichen Alter, für Rekonvaleszenten und Erholungsbedürftige, wirkt außerordentlich günstig bei Krankheiten der Respirationsorgane (Bronchitis, chronische Pneumonie, Asthma, Emphysem, Pleuritis exsud., chron. Hämoptoe), Rachen- und Kehlkopfkatarrh, bei Herz-, chronischen Nieren-, Nerven- (Neurasthenie), Verdauungs- und Konstitutionskrankheiten (Chlorose und Anämie), bei Frauenkrankheiten usw.« Ein Aufenthalt in Locarno hingegen galt damals als der Gesundheit nicht zuträglich, die Gegend war sumpfig, Malaria weit verbreitet. Erst die Kanalisierung des Ticino ab 1888 schaffte Abhilfe, und bald schätzte man Locarno wegen des Schonklimas im Herbst und Winter als ideale Destination, zumal man die »Lichtfülle« am Lago Maggiore als einen »Heilfaktor von nicht zu unterschätzender Bedeutung« sah.

Im gesamten Tessin verzehnfachte sich die Zahl der Hotels in den drei Dezennien von der Eröffnung der Gotthardbahn bis zum Jahr 1912 auf 208. Mehr als die Hälfte besaßen höchstens zwanzig Betten, doch entstanden auch pompöse Paläste, die das Gesicht der Städte veränderten und so prächtig daherkamen wie die Grandhotels in Paris oder Mailand. Heute sind viele dieser Riesenkästen verschwunden oder bieten in marodem Zustand allenfalls noch einen Abglanz einstigen Prunks. Das zeitgleich mit der Gotthardbahn erbaute rosafarbene Grand Hotel Locarno etwa, in dessen Bankettsaal 1925 der epochale Vertrag über den Beitritt Deutschlands zum Völkerbund ratifiziert wurde und dessen Park von 1946 bis 1970 als Epizentrum des Filmfestivals diente, steht seit 2005 leer und verfällt zusehends – noch hängt in der verlotterten Hotelhalle der im »Guinness Buch der Rekorde« eingetragene größte Muranoglas-Leuchter der Welt.

Als das Luganeser Hôtel du Parc 1855 vom gebürtigen Schwarzwälder Alexander Béha in einem ehemaligen Franziskanerkloster eröffnet wurde (dessen Kirche Santa Maria degli Angioli wegen eines herrlichen Freskos von Bernardino Luini, das Christi Passion und Kreuzigung zeigt, zu Recht Kunst-Aficionados aus aller Welt anzieht), war es das einzige Luxushotel zwischen Luzern und Mailand und beherbergte gekrönte Häupter aus ganz Europa – auch Sisi. Friedrich Nietzsche schwärmte 1877: »Hier entstand in mir ein wahres Jauchzen, so gut ist alles: Ich wollte sagen, es ist das beste Hôtel der Welt.« 1899 erwarb es Franz Josef Bucher, ein zum mächtigsten Hotelkönig seiner Zeit aufgestiegener Alpsenn aus Obwalden – die meisten Hoteliers im Tessin kamen damals aus der Deutschschweiz, aus Deutschland oder Österreich. Das Haus wurde um zwei Etagen aufgestockt, erhielt ein Antlitz im Stil der Neorenaissance und eröffnete 1904 unter dem Namen Grand & Palace Hotel. Hermann Hesse schrieb 1920 über einen Besuch: »Durch gläserne lautlose Flügeltüren floss man sanft in eine riesige Halle wie in ein luxuriöses Aquarium, da standen tiefe, ernste Sessel aus Leder und aus Samt, und der ganze riesige Raum war geheizt, wohlig warm geheizt, man trat in eine Atmosphäre wie einst im Galle Face auf Ceylon. In den Sesseln da und dort saßen gut gekleidete Schieber mit ihren Gattinnen. Was taten sie? Sie hielten die europäische Kultur aufrecht. In der Tat, hier war sie noch vorhanden, diese zerstörte, vielbeweinte Kultur mit Klubsesseln, Importzigarren, unterwürfigen Kellnern, überheizten Räumen, Palmen, gebügelten Hosenfalten, Nackenscheiteln, sogar Monokeln.« 1969 geschlossen, verkam das Hotel zum sukzessive vermodernden Spekulationsobjekt, 1993 gaben ihm Brandstifter den Rest. Möchte man heute hinter der denkmalgeschützten Fassade residieren, muss man für eine 200-Quadratmeter-Wohnung schlappe acht Millionen Franken lockermachen.

Auch das 1903 eröffnete Hotel Bristol in Lugano, ein Jugendstilbau mit neobarocken Zierelementen, beherbergt mittlerweile Eigentumswohnungen. Das Grand Hôtel Brissago, das von 1906 bis zum Zweiten Weltkrieg als die nobelste aller Edelherbergen an den Oberitalienischen Seen galt, frequentiert von der internationalen Crème de la Crème, verfiel nach einem Großbrand 1983 zur Ruine und wurde zehn Jahre später abgerissen. Mittlerweile steht an seiner Stelle ein scheußliches zehngeschossiges Apartmenthaus mit 34 Einheiten.

Wer die Grandezza der Belle Époque spüren möchte, dem sei das an Luganos Seepromenade gelegene Fünf-Sterne-Superior-Hotel Splendide Royal empfohlen. 1886, also vier Jahre nach der Einweihung der Gotthardbahn, erkannte Riccardo Fedele, der Spross einer Bellenzer Patrizierfamilie, die Zeichen der Zeit und ließ wie viele Unternehmer in jenen Jahren ein Wohnhaus, nämlich die historische Villa Merlina, zum Hotel umbauen. 1887 unter dem Namen Splendide eröffnet, verfügte es über allen damals erdenklichen Luxus, darunter einen dampfbetriebenen Aufzug – noch gab es in Lugano keinen Strom, elektrische Lampen leuchteten erst drei Jahre später. Bald beherbergte das Splendide (der Beiname Royal kam 1956 hinzu) gekrönte Häupter aus ganz Europa. Und obschon Sisi nie hier logierte, bettete Jahrzehnte später immerhin unser aller liebste Sissi Romy Schneider ihr Haupt auf die weichen Daunenkissen. Überhaupt zieren die illustren Namen unzähliger Prominenter von Luciano Pavarotti bis Woody Allen, von Willy Brandt bis George Bush die im Hoteltresor verwahrten Gästebücher, die sich wie ein Who's who der Reichen, Mächtigen und Schönen aus aller Welt lesen.

Nicht zuletzt aber gilt das ehrwürdige Splendide als der Salon der Stadt, hier treffen sich die im politischen und kulturellen Leben engagierten Luganesen unter dem Kronleuchter der säulengestützten Marmorhalle oder in einem der beiden Restaurants, hier zelebrieren sie familiäre Festivitäten – und zwar, wie ich einmal bei einem siebzigsten Geburtstag kiebitzen konnte, mit viel Italianità. Was nicht heißen soll, dass die Gäste ausnehmend ausgelassen feierten, sondern dass die Smoking tragenden Herren durch exquisite Eleganz bestachen (zugegeben, einige hatten sich mit schillernden Designerfliegen und Elton-John-Brillen aufgerüscht), während die Damen mit einem Übermaß an paillettenglitzernder Opulenz und abgründig tiefen

Rückenausschnitten prunkten. Großes, auf einen puritanischen Basler wie mich alles andere als typisch schweizerisch wirkendes Theater. Vor glorioser Kulisse: Das von einem Boot auf dem See aus gezündete abschließende Feuerwerk konnte ich bequem von meinem Balkon verfolgen – beileibe nicht nur, wenn es nachts funkelt und kracht, sind die großzügig geschnittenen Zimmer im Hauptgebäude mit Seeblick wirklich königlich, mit Wandbespannungen aus goldfarbenem Stoff, stilvollem Interieur aus heller Traubeneiche, begehbarem Kleiderschrank und Marmorbad. Neben Ambiente und Service punktet das Hotel aber auch mit seiner innovativen Küche. Im Restaurant I Due Sud kombiniert Domenico Ruberto, 2018 von Gault-Millau als »Entdeckung des Jahres im Tessin« gefeiert, die traditionellen Aromen seiner Heimat Kalabrien mit jenen der Südschweiz, und Simone Ragusa, 2015 zum besten Sommelier des Landes gekürt, kredenzt die korrespondierenden Weine. Beides ist, in einem Wort, splendid. Der moderne Anbau des Hotels hingegen sieht schauerlich aus – doch damit repräsentiert das Splendide Royal die von Spekulationsbauten verschandelte alte Stadt Lugano geradezu perfekt.

Auch im Grand Hotel Villa Castagnola am Fuße des Monte Brè, das schon Thomas Mann im deutschen Schicksalsjahr 1933 »durch ein gewohntes Niveau« beruhigte und ihm während seines fast fünfwöchigen Aufenthalts »trotz allem heitere und wohltuende Eindrücke schenkte«, kann man sich wohlfühlen. Seine Keimzelle war die 1880 erbaute Winterresidenz des in St. Petersburg geborenen Paul von Ritter. Den exzentrischen Abkömmling einer vermögenden Lübecker Kaufmannsfamilie, der bis zu seiner Emigration 1863 in der Kanzlei des russischen Zaren gearbeitet hatte und sich nun als Mäzen zoologischer Forschungsreisen gerierte, enervierten in Castagnola schon nach kurzer Zeit Reservisten der schweizerischen Armee, die das »Feldschießen« übten. Er übersiedelte nach Basel und überließ sein Anwesen zu einem Schnäppchenpreis der Luzernerin Charlotte Schnyder von Wartensee, die es zum Hotel umbaute. Ihr Urenkel veräußerte es 1982 an die jetzigen Besitzer, die das Haus aufstocken, erweitern und auffrischen ließen, ohne dass es dadurch sein exquisites Flair einbüßte. In der Kaminhalle hängt eine Tapisserie aus dem 17. Jahrhundert, im freskenverzierten ehemaligen Hauptsalon der Villa eine Sammlung von Stierkampfszenen Francisco de Goyas, die Sala Colonne schmücken Werke flämischer, die Sala Bridge Gemälde italienischer Meister. Das Highlight aber ist der phänomenale Ausblick »auf die Palmen u. Cedern des Gartens«, so Thomas Mann, auf den Luganersee und den Monte San Salvatore – am besten genießt man ihn aus den Suiten der oberen Etagen. Mann ließ seine Blicke noch lieber im Speisesaal schweifen: »Mutter und Sohn, jüdisch, recht feinen Typs, der Junge im Smoking, zart und anziehend. Er ging jedoch nachher so schlecht hinaus, schlenkernd und mit rudernden Händen, dass es um die Illusion geschehen war.«

Thomas Mann ästimierte das Reisen mit dem Automobil und besaß imponierende Limousinen, aber zeit seines Lebens keinen Führerschein – der sensible Dichter ließ sich von einem Chauffeur oder seiner ohnehin alltagstauglicheren Frau Katia kutschieren. Was das mit dem Tessin zu tun hat? Nun gut, eine noch geschmeidigere Überleitung von den Hotelpalästen der Belle Époque zum Straßenverkehr jener Jahre wäre allenfalls der legendäre Monty-Python-Gag: »And now for something completely different.«

Der erste Benzinwagen bezwang den Gotthardpass im Jahr 1895. Der französische Graf Cognard fuhr mit Ehefrau, Mechaniker, Wachhund und 75 Kilogramm Gepäck in seinem zwei PS starken Peugeot Quadricycle ins Tessin. Erst neun Jahre zuvor hatte Carl Benz in Deutschland eine Patentschrift für ein dreirädriges »Fahrzeug mit Gasmotorenbetrieb« eingereicht – die Geburtsstunde des modernen Automobils. Zu den Vorteilen solcher »motorisch bewegten Straßenfuhrwerke gegenüber den von Zugtieren gezogenen«, so belehrte der »Brockhaus« seine interessierten Leser, gehörten das leichtere Überwinden von Steigungen und der erheblich geringere Unterhalt, da ein Motorwagen »nur während der Fahrt Betriebskosten verursacht, während Pferde gefüttert werden müssen, auch wenn sie nicht gebraucht werden«.

Die Alpenüberquerung im Automobil galt indes als riskant, insbesondere die Fahrt bergab, drohten doch die mit Leder beschlagenen Bremsen schon nach wenigen Kilometern durchzubrennen, und so sperrte man zwischenzeitlich die wichtigsten Alpenübergänge für den motorisierten Verkehr. Der Schriftsteller Otto Julius Bierbaum wagte es 1902 dennoch und bewältigte mit seiner jungen Gattin Gemma und dem Chauffeur Louis Riegel in einem acht PS starken roten Adler-Phaeton die 136,4 Kilometer lange Strecke von Bellinzona nach Brunnen in neun Stunden, »ohne dass uns der alte Sankt Gotthard auch nur ein einziges Mal Veranlassung gegeben hätte, kleinmütig zu werden; wir haben ihn ›glatt genommen‹«. In Göschenen jedoch wurde er von Urner Polizisten aufgegriffen und zu einer Buße von zwanzig Franken verdonnert. Zwar habe der Kanton Tessin das Befahren des Gotthards mit dem Automobil erlaubt, nicht aber der Kanton Uri das Befahren der Schöllenen, folglich hätte Bierbaum Pferde oder Ochsen vor seinen Kraftwagen spannen lassen müssen, damit dieser in die erlaubte Kategorie der Fuhrwerke gefallen wäre. Vergällt hat dem Dichter dieses Erlebnis die Reise keineswegs: »Es ist vielleicht die abwechslungsreichste Fahrt gewesen, die wir überhaupt gemacht haben. Sie begann im Bereiche fast südlicher Vegetation in einem üppigen Rebenlande mit Edelkastanien und Feigenbäumen und führte in kahle Höhen, wo noch meterdicke Schichten eisig verhärteten Schnees lagen, senkte sich dann in eine nördliche Gebirgslandschaft mit wunderbaren Nadelholzwäldern und führte schließlich durch das herrliche Seegelände, das die Heimat der Tell-Sage ist. Erst heute haben wir Italien eigentlich verlassen, denn das Land südlich des Gotthards ist italienische Erde, wenn seine italienischen Bewohner auch schweizerische Eidgenossen sind. Doch hat die Zugehörigkeit zur Schweiz in der Tat den Typus etwas verändert. Sie sind schwerfälliger als ihre Brüder jenseits der rot-weiß-grünen Grenzpfähle. Auch fielen mir die vielen blauen Augen auf, und aus dem Ausdruck dieser Augen, wenn sie unsern Wagen sahen, bildete sich mir das Wort kuhäugiges Erstaunen.«

1917 fiel das Fahrverbot, ab 1922 verkehrte im Sommer der Postbus regelmäßig, und in den Dreißigerjahren herrschte reger Verkehr, obschon bereits 1924 der bis 1980 bestehende Autoverlad durch den Eisenbahntunnel eingerichtet worden war. Im Winter, wenn der Pass gesperrt blieb, stellte dieser die einzige Möglichkeit für Kraftwagenführer dar, via Gotthard ins Tessin zu gelangen. 1953 begann der Vollausbau der Schöllenenstraße, das Urnerloch wurde abermals erweitert, eine neue Teufelsbrücke errichtet. Und seit 1977 kann eine Trasse, die mit 13 Brücken, einem Tunnel und langen Lawinengalerien die alte Tremolastraße großräumig umgeht, befahren werden.

Vermutlich wurde ich im Sommer 1970, als ich mit zweieinhalb Jahren auf der Rückbank unseres silbernen Opels Rekord C (Kindersitze gab es damals noch ebenso wenig wie Sicherheitsgurte) mit meinen Eltern zum ersten Mal ins Tessin reiste, unleidlich und quengelig. Wie viele Kleinkinder plagte mich bei kurvigen Autofahrten Übelkeit, und die Fahrt über den Gotthard war sozusagen der Gau, denn die Hauptstraße 2, wie die amtliche Bezeichnung lautet, führte damals noch durch die engen, gemauerten Serpentinen der Via Tremola steil hinunter nach Airolo. Heute steht diese mit Kopfsteinpflaster ausgelegte, in meiner Kindheit von über 900 000 Fahrzeugen jährlich frequentierte Straße unter Denkmalschutz und wird nur noch von Touristen, die es nicht so eilig haben, benutzt. Passieren sollte man den Pass – der normalerweise von Ende Oktober bis Anfang Juni geschlossen bleibt – ohnehin nicht schnellstmöglich, sondern dem Nationalen St. Gotthard-Museum einen Besuch abstatten, das anschaulich über die Bedeutung der Passstraße in wirtschaftlicher, strategischer, politischer und kultureller Hinsicht informiert.

Wer den Augenblick auf dem Gotthardpass, der übrigens auf der Gemarkung des 1500-Seelen-Ortes Airolo liegt und damit zum Tessin gehört, so schön findet, dass er länger verweilen will, kann im einfachen Albergo San Gottardo nächtigen oder in dem Dreisternehotel, zu dem das alte St. Gotthard Hospiz – seit Jahrhunderten Anlaufstelle der

Händler, Pilger und Reisenden – Ende der 2000er-Jahre umgebaut worden ist. 1759 hatte Goethe dort zum ersten Mal die Nacht verbracht, »in etwas kurzen, an der Wand befestigten, eher an Repositorien als Bettstellen erinnernden Schlafstätten«. 1779 und 1797 hatte er den Gotthard, dem er »den Rang eines königlichen Gebirges über alle anderen« zumaß, abermals bestiegen. Aber trotz der Sehnsucht nach dem Land, wo die Zitronen blühn, nie den Pass Richtung Süden überquert, sondern dreimal kehrtgemacht: »Die Lombardei und Italien lag als ein ganz Fremdes vor mir; Deutschland als ein Bekanntes, Liebwertes, voller freundlichen einheimischen Aussichten [...].« Zweifellos am spektakulärsten schlafen Sie in der 700 Meter nordwestlich des Passes gelegenen, bis in die 1990er-Jahre hochgeheimen Artilleriefestung San Carlo. Der 4000 Quadratmeter große Bunker tief im Berg wurde in das – nicht gerade preiswerte – Viersternehotel La Claustra mit Restaurant, Dampfbad und Whirlpool verwandelt.

Wie man weiß, führen alle Wege nach Rom, doch auch das Tessin erreichen Autofahrer nicht nur via Gotthard. Aus Graubünden kommend, können Sie im Sommer den San-Bernardino-Pass überqueren oder ganzjährig den 6,6 Kilometer langen San-Bernardino-Tunnel durchfahren und gelangen dann durch das Misox zur Kantonsgrenze unweit von Bellinzona. Der Übergang vom Wallis ins Tessin erfolgt entweder von Ulrichen über den Nufenenpass nach Airolo oder von Brig über den Simplon und das italienische Domodossola ins Centovalli. Die meisten, genauer gesagt, 58 Prozent aller Fahrzeuge queren die schweizerischen Alpen durch die Galleria stradale del San Gottardo, den 1980 eröffneten, 16,9 Kilometer langen und natürlich ebenfalls das ganze Jahr über befahrbaren Gotthard-Straßentunnel der Nationalstraße A2 zwischen Basel und Chiasso, einer Teilstrecke der Europastraße 35, die Amsterdam und Rom verbindet. Vergessen Sie nicht, dass Sie für die Benutzung der Autobahnen und Nationalstraßen in der Schweiz eine Gebühr von vierzig Franken in Form einer Jahresvignette entrichten und diese gut sichtbar innen an der Windschutzscheibe anbringen müssen.

Wie oft habe ich, bevor ich zum überzeugten Bahnfahrer wurde, in Schattdorf, etwa zwanzig Kilometer vor der Nordeinfahrt, eine Pause in der Gotthard Raststätte eingelegt: ein Ritual, das den Beginn des heiß ersehnten Tessinurlaubs markierte. Und auf der Heimreise kurz vor Airolo in der Autobahnraststätte Stalvedro mit einem schluchtentiefen Abschiedsseufzer Brot, Salami und Käse eingekauft – nicht als Mitbringsel, sondern als Proviant für die Wartezeit vor der Tunneleinfahrt. Insbesondere zu Ostern, Pfingsten und während der Sommerferien bilden sich vor beiden Portalen des Straßentunnels lange Schlangen. Am Samstag vor Pfingsten 2018 stauten sich die Autos in Richtung Süden so lange wie seit 19 Jahren nicht mehr: 18 Kilometer – geschuldet war dieser Rekord der Sperrung des San-Bernardino-Tunnels wegen eines Busbrandes.

Die knapp viertelstündige Durchfahrt durch den Gotthardtunnel war mir nie geheuer, denn dieser wichtigste Schweizer Korridor durch die Alpen, den jährlich 6,3 Millionen Fahrzeuge, davon eine Million Lkw, benutzen, ist nur zweispurig ausgebaut; man hat also in der 7,8 Meter breiten und 4,5 Meter hohen Röhre Gegenverkehr. Seit der Eröffnung kam es trotz der Geschwindigkeitsbegrenzung auf achtzig Kilometer pro Stunde zu rund tausend Frontal- und Streifkollisionen. Der schwerste Unfall ereignete sich 2001, als der Zusammenstoß zweier Lastwagen eine Brandkatastrophe im Tunnel auslöste und elf Todesopfer forderte. Immerhin konnte man dank des daraufhin eingeführten Dosiersystems – bei hohem Verkehrsaufkommen regelt eine Ampel die Einfahrt – die Zahl der Unfälle drastisch senken; zudem erfassen Wärmebildkameras vor den Portalen überhitzte Lkw, die dann gestoppt werden.

2016 haben 57 Prozent der Schweizer Stimmbürgerinnen und Stimmbürger den Bau einer zweiten Röhre im Abstand von siebzig Metern zur bestehenden gutgeheißen, damit Letztere saniert und verbessert werden kann, ohne den Verkehr zu unterbrechen. Sobald der neue Tunnel voraussichtlich 2027 fertiggestellt ist, wird man den alten schließen, und wenn frühestens 2030 beide zur Verfügung stehen, soll ohne Gegenverkehr die Unfallgefahr weiter sinken. Dass man beide Röhren nur im einspurigen Richtungsverkehr betreiben und die jeweilige zweite Spur als Pannenstreifen nutzen will, ist Artikel 84 der Bundesverfassung der Schweizerischen Eidgenossenschaft, dem »Alpenschutzartikel«, geschuldet. Er geht zurück auf die 1994 mit knappem Mehr angenommene »Eidgenössische Volksinitiative zum Schutze des Alpengebietes vor dem Transitverkehr« und bestimmt, dass der alpenquerende Gütertransport auf der Schiene zu erfolgen habe, Ausnahmen nur zulässig seien, wenn sie unumgänglich sind, und die Transitstraßenkapazität im Alpengebiet nicht erhöht werden dürfe.

Für Nichtschweizer ein Wort zur direkten Demokratie: Volksinitiativen, mit denen die Stimmberechtigten eine

Total- oder Teilrevision der Bundesverfassung verlangen können, gehen, wie der Name sagt, nicht vom Parlament oder der Regierung aus, sondern vom Volk. Die Initianten müssen innert 18 Monaten 100 000 Unterschriften sammeln. Erklärt die Bundesversammlung die Initiative für gültig, wird sie dem Volk unterbreitet, erhält sie dessen Mehrheit und zudem das Mehr der Kantone, ist sie angenommen. In den letzten 125 Jahren ist das gerade mal 22 Initiativen widerfahren. 1908 etwa stimmte man »für ein Absinthverbot« und 1921 »für ein Verbot der Errichtung von Spielbanken«, 2009 »gegen den Bau von Minaretten«, 2010 »für die Ausschaffung krimineller Ausländer« und 2014 »gegen Masseneinwanderung«.

Im Tessin sind die Ängste vor Überfremdung und Identitätsverlust, die die regionale Protestbewegung Lega dei Ticinesi schon seit zwei Jahrzehnten schürt, deutlich spürbar, obschon dort die Anwesenheit von Ausländern jahrhundertealte Realität ist: 1880 stellten diese fast ein Sechstel der Wohnbevölkerung, 1914 mehr als ein Viertel. Noch 1970 hatten im Tessin 63,7 Prozent ein »Volksbegehren gegen die Überfremdung« abgelehnt, mehr als in allen übrigen Kantonen. 2014 hingegen stimmte kein anderer Kanton so massiv für die von der rechtsnationalen Schweizerischen Volkspartei lancierte Volksinitiative, die die Zuwanderung von Ausländern begrenzen wollte. So sagten 68,2 Prozent der Tessiner Ja zur Forderung, wieder Kontingente für ausländische Arbeitnehmer einzuführen – in der Schweiz fürchtet man sich weniger vor Asyl suchenden Flüchtlingen aus den Kriegsgebieten im Nahen Osten oder aus Afrika, sondern vor allem vor qualifizierten Immigranten und Grenzgängern mit derselben Muttersprache, aber einem

EU-Pass in der Tasche, also in erster Linie vor Deutschen und Italienern. 2016 warfen die Organisatoren des Referendums »Prima i nostri« (Zuerst die Unseren) den aus Italien ins Tessin pendelnden Arbeitnehmern Lohndumping vor. Mit Erfolg: 58 Prozent der Tessiner sprachen sich dafür aus, dass Einheimische im Falle gleicher Qualifikation bei der Stellenvergabe gegenüber Personen ohne Schweizer Wohnsitz bevorzugt werden müssen. Auch auf Bundesebene ist am 1. Juli 2018 der Inländervorrang in Kraft getreten, nun müssen offene Stellen vor der Ausschreibung den Arbeitsvermittlungszentren gemeldet werden. Betroffen sind Berufe mit einer gesamtschweizerischen Arbeitslosenquote von mindestens acht (ab 2020: fünf) Prozent, darunter Betonbauer, Service- und Küchenpersonal, landwirtschaftliche Hilfskräfte und Schauspieler.

So mancher sieht das Tessin als eine Art soziales und politisches Frühwarnsystem des Landes, einen Seismografen für künftige Entwicklungen, weil hier etliche Probleme früher und deutlicher zutage treten. Das Wirtschaftsmagazin *Bilanz* nannte den Kanton sogar »das rechte Labor der Schweiz«. Wenn Sie im Süden der Schweiz nicht arbeiten, sondern sich erholen wollen, tangiert Sie die aktuelle Überfremdungsangst mancher Tessiner, die an sich herzlich, tolerant und vorurteilslos sind, wenig. Allenfalls, wenn Sie als ultrakonservative Muslima verschleiert unterwegs sein sollten: Seit 1. Juli 2016 ist es im Tessin verboten, sein Gesicht im öffentlichen Raum zu verhüllen, ansonsten wird man mit mindestens 100, höchstens 10 000 Franken zur Kasse gebeten. Zwar entfallen im Tessin weniger als zwei Prozent der Logiernächte auf Gäste aus den Golfstaaten, doch entwarfen die auch in der Schweiz auflagenstarken boulevardesken Presseorgane der Niedertracht wahre Horrorszenarien angesichts der exzeptionellen Summen, die diese meist gut betuchten Besucher bis dahin im Urlaub hatten springen lassen; der Geschäftsrückgang hielt sich dann aber in engen Grenzen. »Die arabischen Gäste sind gut informiert«, ließ der Präsident von Hotelleriesuisse Ticino konziliant verlauten, »und zeigen große Bereitschaft, die Regeln zu respektieren« – oder finden einen Weg, das schweizweit kontrovers diskutierte »Burkaverbot« zu umgehen, indem sie zum Kopftuch eine jener Hygienemasken zum Schutz vor einer hohen Feinstaubkonzentration tragen, die längst zum Alltagsbild asiatischer Städte gehören.

Die wichtigste Gruppe unter den ausländischen Touristen stellen mit einem Marktanteil von knapp zehn Prozent die Deutschen dar, gefolgt von den Italienern mit gut sechs Prozent. Den größten Anteil an Übernachtungsgästen machen die Schweizer selbst mit über sechzig Prozent aller Logiernächte aus. Längst ist das Tessin eher ein Ziel für Kurzurlauber als für Langzeitgäste, im Durchschnitt verbringen Touristen dort gerade mal 2,07 Nächte. Differenziert nach Herkunft, sind die Deutschen die Spitzenreiter, geografisch gesehen ist es das Locarnese, und je teurer das gebuchte Logis, desto länger verweilt man.

Über zwei Jahrzehnte gab es in der Tessiner Tourismusbranche nur einen Trend: abwärts. Die Gründe dafür waren vielfältig, nicht zuletzt machten Globalisierung und Billigflieger Mittelmeerdestinationen zu Rennern und ließen den Süden der Schweiz alt aussehen. Doch auch zwei Zäsuren in den 2010er-Jahren waren signifikant. Hatte bis dahin die Schweiz das Bankgeheimnis verteidigt, als wäre es der Heilige Gral, begannen 2012 etliche Banken eine Weißgeld-Strategie. Sie rieten ihren Kunden, nicht deklarierte Gelder den zuständigen Steuerbehörden zu melden, und schickten Neukunden, die Schwarzgeld anlegen wollten, nach Hause. Auch die Schweizer Regierung war bemüht, das Image der Steueroase endgültig abzulegen, und erklärte, alle ausländischen Kunden sollten bis spätestens Ende 2015 ihr Vermögen angegeben und dies gegenüber ihren Schweizer Banken glaubhaft nachgewiesen haben, ansonsten drohe die Schließung der Konten. Jene betuchten Deutschen, die nicht ohnehin ihren Wohnsitz ins Tessin verlegt hatten, sondern regelmäßig den Besuch eines Tresorraums mit einem Urlaub verbunden und dabei einen Teil ihres unversteuert geparkten Vermögens verprasst hatten, blieben fortan aus. Und am 15. Januar 2015 gab die Schweizerische Nationalbank, die seit 2012 den Franken mit Euro-Käufen künstlich niedrig und an eine Mindestkursgrenze von 1,20 Franken zu einem Euro gehalten hatte, das feste Kursziel in einer Nacht-und-Nebel-Aktion auf, der Eurokurs brach massiv ein und markierte mit 0,8639 Franken ein Rekordtief. Urlaub im Land der Eidgenossen avancierte für die meisten Europäer zum Luxusgut, gleichzeitig waren für die Schweizer Ferien in Deutschland, Österreich, Frankreich oder Italien so billig wie noch nie.

Hie und da trotzte man den Schwierigkeiten mit originellen Offerten. Der kreative Querdenker Diego Glaus, Direktor des seit 2003 alljährlich von der *Sonntagszeitung* zum besten Schweizer Familienhotel gekürten, mit einem wahnwitzigen Stilmix erfrischenden Albergo Losone, ersann einen »3-Generationen-Rabatt« (der Altersunterschied zwischen dem jüngsten und dem ältesten Familienmitglied wird in Franken umgerechnet und pro Nacht von der Rechnung abgezogen), eine »Schönwetterversicherung« (schließt man sie sieben Tage vor Anreise ab, ist die Übernachtung kostenlos, falls zwischen acht und zwanzig Uhr mehr als ein halber Zentimeter Regen fällt) und einen »Anti-Gotthard-Stau-Service« (man lässt sein Auto samt Gepäck von einem Hotelmitarbeiter durch den Gotthardtunnel fahren und besteigt selbst den Zug). Schon seine Eltern waren um Ideen nicht verlegen gewesen. 1954 hatten der ehemalige SBB-Kondukteur Charly Glaus und seine Frau Charlotte eine gottverlassene Sandbank am Ufer der Maggia erstanden und darauf das erste Motel der Schweiz errichtet – mit viel Pioniergeist und wenig Kapital. Die Zwischenwände waren aus Karton gewesen, und weil das Geld gefehlt hatte, sämtliche Fenster verglasen zu lassen, hatte man einfach die Zimmer ohne Scheiben für vier statt für sechs Franken pro Nacht vermietet – Preise, von denen selbstverständlich längst keine Rede mehr sein kann. Zwischenzeitlich vom spartanischen Motel zum luxuriösen Fünfsternehaus avanciert, rangiert das Albergo Losone, das unter anderem mit einem riesigen Palmengarten samt Badelandschaft, einem eigenen Neun-Loch-Golfplatz und einem Streichelzoo punktet, heute als Nullsternehotel (Diego Glaus wollte sich nicht dem Normenkatalog der Hotelklassifizierung unterwerfen), gehört aber preislich in die Premiumklasse.

Nach Jahren rückläufiger Gästezahlen setzte 2016 im Tessin endlich die Gegenbewegung ein, nicht zuletzt dank der politischen Großwetterlage, die vielen Deutschschweizern und Deutschen die Lust auf Destinationen wie die

Türkei oder Ägypten genommen hatte. Vor allem die günstigeren Hotels profitierten von dieser Trendwende. Während das Luxussegment von 2016 auf 2017 einen weiteren Rückgang verzeichnen musste, stieg die Zahl der Übernachtungen in Unterkünften mit zwei oder weniger Sternen um sagenhafte 34,7 Prozent. Insgesamt registrierte man 2017 im Tessin einen Zuwachs von 7,7 Prozent – den stärksten aller Schweizer Kantone. Im April 2018 mussten zum ersten Mal seit Januar 2015 für einen Euro wieder mehr als 1,20 Franken bezahlt werden, freilich nur kurzzeitig. Sollte jedoch der Wert der Schweizer Währung langfristig fallen, wird das zweifellos noch mehr EU-Bürger ins Tessin locken.

An Ideen, wie man den Tourismus weiter ankurbeln könnte, mangelt es den Tessinern nicht, und auch nicht an so zweifelhaften Utopien wie jener einer Renaissance der ältesten Wasserstraße Europas. Schon seit 2009 können Abenteuerlustige organisierte Reisen per Kanu, Fahrrad und Motorschlauchboot von Ascona nach Venedig buchen. Eines Tages, so träumt man, werden der Ticino Inferiore, die *navigli*, die verkümmerten historischen Kanäle, und der Po so ausgebaut sein, dass auch Kabinenschiffe zwischen dem Lago Maggiore und der Adria verkehren können, mit Zwischenstopps in Mailand, Pavia, Cremona, Revere, Ferrara und Chioggia. Aber muss das Tessin wirklich Ausgangspunkt einer weiteren Kreuzfahrtroute werden?

Das Tessin ist das Ziel. Wege dorthin gibt es viele.

Bon dì!

»Deutsche Touristen fühlen sich im Tessin wohler als nördlich des Gotthards, weil wir ihnen offener begegnen, gastfreundlicher. Das liegt nicht zuletzt daran, dass die Deutschschweizer einen Sprachkomplex haben und wir nicht«, erklärt mir Diego Lissi. Er muss es wissen. Der umtriebige Treuhänder aus Lugano, der im Jahr 2000 mit seiner Familie das traditionsreiche Hotel Belvedere in Locarno übernommen und seither rund 16 Millionen Franken in die ständige Renovierung investiert hat, ist ein eingefleischter Tessiner – während viele Hoteliers aus der deutschsprachigen Schweiz stammen. »Früher waren es noch mehr. Die Deutschschweizer haben das Tessin kolonisiert. In der Belle Époque waren fast alle Hotels in ihren Händen.« So manches habe sich seitdem verändert. »Damals gab es keine Schneekonkurrenz, Skifahren war kein Konzept. Im Engadin herrschte der Sommertourismus vor, ins Tessin kamen die Gäste vornehmlich im Winter, um das milde und sonnige Klima zu genießen.«

Wie meinereiner. Obschon keine Lerche mein banges Ohr durchdrang, habe ich ungewohnt zeitig ein paar Runden im wohltemperierten Außenpool gedreht und danach gazettenlesend auf meinem Balkon gestaunt, wie intensiv die Sonne selbst bei bescheidenen zehn Grad Lufttemperatur auf der Haut brennt. Diego Lissi glaubt an den Wintertourismus, auch weil, so meint er, »die Leute weniger und weniger Skifahren gehen werden, es kostet viel zu viel. Unsere große Attraktion in den Wintermonaten ist der günstige Übernachtungspreis, den wir mit den Einnahmen in der Hochsaison kompensieren.« Deshalb hat das oberhalb der Locarneser Altstadt und unterhalb der Madonna del Sasso an einer eigenen Haltestelle der Standseilbahn gelegene Belvedere mit seinen 89 Seeblickzimmern im Gegensatz zu vielen anderen Hotels ganzjährig geöffnet. Wie 1892, als es erstmals erwähnt wurde und noch eine einfache Pension in einem Wohnhaus aus dem 16. Jahrhundert war. Aus jener Zeit erhalten haben sich ein freskengeschmückter Saal samt Renaissancekamin und dahinter, ein wenig versteckt, die alte Eingangshalle mit beeindruckendem Kreuzgewölbe; im Kontrast dazu steht das trendige Interieur des Restaurants La Fontana mit einer offenen Showküche.

Dort sitze ich nun mit Diego Lissi, vor einer mit zweifellos exzellenten Weinen gefüllten Vitrine und unter Deckenlampen, die an umgedrehte Weingläser erinnern, also in ausgesprochen alkoholischem Ambiente, und nippe diszipliniert an einem frugalen Mineralwasser. Er parliert italienisch, ich hochdeutsch – für ihn *nessun problema* oder *null problemo*, wie Alf und der eine oder andere Tourist sagen würden, ich komme einigermaßen zurecht. Spräche er Tessiner Dialekt, ich begriffe kein einziges Wort. Lissi hingegen verstünde vermutlich sogar mein Baseldeutsch, doch ist die pseudokolonialistische Überheblichkeit, mit der manche meiner Landsleute auch im Südkanton ihr lokales Idiom pflegen und im Grotto *e Schtange und es Mineral ohni Blööterli*, ein Glas Bier und ein stilles Wasser, bestellen, ein stetig sprudelnder Quell meines Missvergnügens. Nun gut, vielleicht sollte ich mich freuen, dass sie sich im Tessin wie zu Hause fühlen. Da man ihnen insbesondere im Locarnese tagtäglich und an jeder Ecke begegnet, sei, bevor es in Sachen Tessiner Dialekte in medias res geht, ein Exkurs für Lesende aus Deutschland und Österreich erlaubt.

In der Schweiz bezeichnen 22,7 Prozent der Einwohner Französisch als ihre Hauptsprache, 8,1 Prozent Italienisch und 0,5 Prozent Rätoromanisch, daneben pflegt ein Teil der im Ausland verwurzelten Bevölkerung weitere Idiome. Die große Majorität bilden laut Statistik mit 62,8 Prozent Menschen, deren Muttersprache Deutsch ist. Nun muss man die Bezeichnung »deutschsprachige Schweiz« nicht unbedingt einen Etikettenschwindel nennen, doch wird, unabhängig von der sozialen Herkunft und dem Bildungsgrad, in der Regel eben nicht Hochdeutsch, sondern alemannische Mundart gesprochen, in einer ihrer unzähligen Varianten wie Berndeutsch, Urnerdeutsch oder Walliserdeutsch. Nur unwesentlich von Letzterem unterscheidet sich linguistisch gesehen das höchstalemannische Ggurijnartitsch, das seit 1253 von den ursprünglich aus dem Oberwallis stammenden Walsern in Bosco Gurin gepflegt wird. Lange Jahre galt frei nach Asterix: Ein von unbeugsamen Walsern bevölkertes Dorf hört nicht auf, der italienischen Sprache Widerstand zu leisten. Noch immer ist die höchstgelegene Gemeinde des Kantons Tessin eine einzigartige Sprachinsel im italienisch sprechenden Umland, doch sind die Guriner längst zweisprachig und die meisten von ihnen überzeugt, sie beherrschten Standarditalienisch besser als Standarddeutsch. Wenn Sie nach Bosco Gurin (seit 1934 offiziell: Bosco/Gurin) kommen, was sich nicht nur für Wintersportfans, sondern wegen der Architektur der Holzhäuser und der *torbe*, der traditionellen Getreidespeicher, das ganze Jahr über lohnt, sollten Sie unbedingt das in einem Gebäude aus dem Jahre 1386 untergebrachte volksgeschichtliche Walserhaus besuchen, das die verschwindende Gurinersprache wie ein gegenständliches Wörterbuch dokumentiert.

Apropos: Das »Schweizerische Idiotikon«, das den speziellen Wortschatz des Schweizerdeutschen beschreibt, enthält in bisher 16 Bänden über 150 000 Stichwörter, darunter auch zahlreiche walserdeutsche. Der geistesfernere Zeitgenossen zu üblem Scherz verleitende Name des nützlichen Nachschlagewerks leitet sich übrigens nicht vom griechischen Wort *idiotes* her, das tatsächlich das bedeutet, was Sie vermutlich vermuten, sondern von *idios* für eigen, eigentümlich.

Obschon nicht Dialekt, sondern Hochdeutsch eine der vier in Artikel 4 der Bundesverfassung definierten Landes- beziehungsweise Amtssprachen ist, wird Letzteres auch in der Deutschschweiz als Fremdsprache empfunden oder im Sinne des Bilingualismus-Modells als Zweitsprache gewertet und findet vor allem im Schulunterricht, bei Parlamentsdebatten, Bahnhofsdurchsagen und in öffentlich-rechtlichen Nachrichtensendungen Verwendung, wobei sogar dort der

Wetterbericht eine dialektale Insel bildet. Als alleinige Umgangssprache dient die Mundart, und dass diese im Vormarsch ist, im Radio und Fernsehen, in der Politik und auch schon im Kindergarten (die Kantone Zürich und Aargau haben sie als verbindliche Unterrichtssprache gesetzlich verankert), registriert man im Tessin mit Beunruhigung. Man lernt in der Schule Deutsch als eine der drei obligatorischen Fremdsprachen (nach Französisch und meist noch vor Englisch), kann es aber in der Ost-, Zentral- und Nordwestschweiz nicht gebrauchen, da nur Mundart gesprochen wird, und fühlt sich von den laufenden Diskursen ausgeschlossen. Schon 2011 hatte ein Genfer Parlamentarier in einer Initiative verlangt, dass sich Bundesräte vor einem breiten Publikum in Amtssprache äußern sollten, wie das noch vor drei Jahrzehnten üblich gewesen sei – die Motion wurde vom Nationalrat mit erdrückender Mehrheit abgelehnt. Die Sprecherin der zuständigen Kommission erklärte: »Schweizerdeutsch ist für uns die Sprache des Herzens.«

Doch der Dialekt steht nicht nur für Herzensnähe und Humor, zeigt nationale Zugehörigkeit und stiftet regionale Identität. Er drückt nicht selten standardsprachlich Unsagbares aus wie zum Beispiel mein Lieblingswort *Langizyt*: Es beschreibt ein ziehendes und zehrendes Herzweh, ein schier krank machendes Gemisch aus Sehnsucht, Heimweh und nostalgischem Weltschmerz und ist keinem hochdeutschen Wort vergleichbar, sondern allenfalls dem portugiesischen *saudade*. Da Schweizerdeutsch die Menschen unmittelbarer anspricht, unterbrechen Privatsender wie Pro7 oder RTL ihr Programm, das ansonsten identisch mit dem in Deutschland ausgestrahlten über die Mattscheibe flimmert, durch spezielle Werbefenster. In ihnen werden neben Reklame für einheimische Erzeugnisse auch *schwiizerdütsch* synchronisierte deutsche Spots gezeigt – das steigert den Absatz der angepriesenen Produkte signifikant.

Andererseits untertiteln deutsche Sender Interviews mit Schweizerinnen und Schweizern oder überlagern sie mit einem Voiceover, obgleich Hochdeutsch in einer schweizerischen Varietät gesprochen wird, und schüren damit den tief sitzenden Minderwertigkeitskomplex noch mehr, zu dem die liebe Mühe mit dem Hochdeutschen längst geführt hat. Im schönsten Land der Welt kommt man sich sprachlich vergleichsweise schwerfällig und unbeholfen vor, wird, nicht nur, was die Sprache betrifft, ungern an den Bundesbürgern gemessen und begegnet den »Schwaben«, wie sie pauschal genannt werden, auch wenn sie aus Aschaffen-, Magde- oder Flensburg kommen, ohnehin nur selten mit überbordender Sympathie. Unter anderem, weil jemand, der schneller spricht, als er zu denken vermag, kaum seriös sein kann. Weil der Kommunikationsstil ein anderer ist, was Schweizer am liebsten anhand des Satzes »Ich krieg ein Bier!« erklären, der ihnen als Paradebeispiel deutscher Barschheit gilt. Und nicht zuletzt, weil der Alpenstaat seit Jahren die erste Wahl deutscher Auswanderer ist und sich so mancher Helvetier angesichts der Flut teutonischer Invasoren, die zwar als fleißig und korrekt gelten, aber auch ein arrogantes und dominantes Image besitzen, etwas unbehaglich fühlt. Was man nicht zeigt, sondern mit distanzierter Höflichkeit kaschiert, doch wird das Lächeln eines Verkäufers oftmals deutlich schmaler, wenn er bemerkt, dass er es mit einem Deutschen zu tun hat. Anders im Tessin. Nicht, dass man dort die Deutschen inniglich liebte, aber man steckt sie mehr oder weniger in einen Topf mit den eigenen Landsleuten aus dem Norden, deren Mentalität ebenso befremdet.

Wer das betont rustikale Deutsch, mit dem der Luzerner Kabarettist Emil vor Jahrzehnten durch den »großen Kanton« tourte, für Schweizerdeutsch hält und sich freut, dieses sei recht einfach zu verstehen, irrt gewaltig. Nicht von ungefähr nennt man Hochdeutsch in der Schweiz meist Schriftdeutsch, wird doch die Standardsprache vor allem geschrieben – zudem wirkt diese Bezeichnung weniger dünkelhaft. Wobei vor allem die Jüngeren ausschließlich in Mundart über soziale Medien und Messenger kommunizieren oder Anzeigen in der Rubrik »Schatzchäschtli« der Gratiszeitung *Blick am Abend* aufgeben: »Häppi Börsdei du cooli Socke! Gnüss dis Tägli und lah dich guet la fiire. Wünsch der nume s Bescht und hoffe, dass all dini Wünsch in Erfüllig gönd!« Wie beim gesprochenen Wort gilt: Für Privates verwendet man Mundart, für Öffentliches benutzt man Hochdeutsch. »Jüngere wachsen bereits in einer Art Zweischriftigkeit auf«, erläuterte eine Professorin für Germanistische Linguistik an der Universität Fribourg in der *NZZ*.

Auch das geschriebene Hochdeutsch unterscheidet sich in Grammatik, Rechtschreibung und insbesondere Wortschatz von der Schriftsprache des übrigen deutschen Sprachraums. »Schweizerhochdeutsch«, das im Dudenverlag erschienene »Wörterbuch der Standardsprache in der deutschen Schweiz«, dokumentiert Besonderheiten in rund 3000 Einträgen. Die Wissenschaftlerin heißt *Wissenschafterin* und das Abendessen *Nachtessen*. Die Straßenbahn nennt man das (und nicht etwa die!) *Tram*, den Gehsteig *Trottoir* und die Trauerfeier *Abdankung*. Das Gemüse, das man in

Deutschland als Paprika bezeichnet, verkaufen Schweizer Händler als *Peperoni*, Puten sind *Truten* und Thunfische *Thon*. Wer *Finken postet*, veröffentlicht nicht etwa Fotos niedlicher Singvögel auf Facebook, sondern kauft Hausschuhe ein. Wurst wird *grilliert* statt gegrillt, ein Auto wird nicht geparkt, sondern *parkiert*, und man kann es auch *kehren*, also wenden – was einen Tübinger Taxifahrer, den wir freundlich auf diese Möglichkeit hinwiesen, sichtlich irritierte angesichts der im Schwäbischen als Kehrwoche bekannten geregelten Reinigung gemeinschaftlich benutzter Bereiche. Dafür bekomme ich als Schweizer jedes Mal von Neuem *Hühnerhaut* (und nicht etwa Gänsehaut), wenn meine gewissenhafte Lektorin das schmackhafte *Buffet* in ein Büfett korrigiert – muss aber einräumen, dass Letzteres die Gefahr einer übermäßigen Kalorienzufuhr sinnvoll verdeutlicht.

Deutsche neigen zu der Vermutung, es sei allein der Nähe zur Romandie geschuldet, dass man in der deutschsprachigen Schweiz beim Wort »Karte« an alles Mögliche von der Post- über die Spiel- bis zur Wanderkarte denkt, aber weder eine Eintrittskarte ersteht, noch eine Fahrkarte löst, sondern in beiden Fällen ein *Billett*. Tatsächlich aber trägt Sarrazin die Schuld daran, dass meine Lektorin am liebsten auch diesen vermeintlichen Helvetismus mit freundlicher Beharrlichkeit eliminieren würde. Nein, nicht Thilo, der mit steilen Thesen behauptet, Deutschland schaffe sich ab, sondern sein deutschtümelnder Urgroßonkel Otto, der die Abschaffung von Fremdwörtern propagierte: Das *Retourbillet* mutierte zur Rückfahrkarte, der *Conducteur* zum Schaffner. Die kaiserlich-behördlichen Fremdwortverdeutschungen wurden freilich in der freien

Schweiz nicht übernommen, hier blieb man bei französischen Lehnwörtern wie *Couvert* statt Briefumschlag und im Fall des importierten Sports Fußball bei den zunächst auch in Deutschland üblichen englischen Bezeichnungen. Wenn bis heute der Elfmeter *Penalty* und das Tor *Goal* genannt werden, hat das also nicht das Geringste mit einer forciert weltläufigen Attitüde, die den Eidgenossen gern unterstellt wird, zu tun.

Doch zurück ins Tessin und zu Diego Lissi. »Früher sprachen im Tessin nur die Ärmeren Dialekt«, erklärt er mir, »und vor allem zu Hause. Mundart hat, im Gegensatz zur Deutschschweiz, nie ein hohes Ansehen genossen und galt als nicht salonfähig. Nicht wenige Eltern haben mit ihren Kindern nur Italienisch gesprochen, weil sie ihnen den Anschluss an eine höhere Bildung und den Zugang zu einer besseren Stellung gewährleisten wollten. Heute gibt es viele, die gar keinen Dialekt mehr beherrschen, aber auch junge Menschen aus allen sozialen Schichten, die ihn wieder vermehrt sprechen, weil das abgrenzt, Identität stiftet. Wenn man italienisch redet, ist es ›in‹, ab und an ein paar Dialektwörter einfließen zu lassen.« Tatsächlich fällt einerseits die wachsende Zahl regionaler Produkte auf, die (auch) mit Dialektbezeichnungen etikettiert sind, wie *ul mél*, Honig aus dem Mendrisiotto, und *al mér*, Honig aus dem Locarnese. Andererseits gaben in einer aktuellen Umfrage nur noch dreißig Prozent an, zu Hause Dialekt zu sprechen. Immerhin bietet die Scuola Club di Migros Ticino Kurse an, in denen man den *dialetto ticinese* wieder erlernen kann.

»Wobei sich die Mundart wie in der Deutschschweiz von Tal zu Tal, von Ort zu Ort unterscheidet«, ergänzt

Lissi. »Jemanden aus Airolo verstehe auch ich nicht.« Doch die noch Anfang des 20. Jahrhunderts enorm vielfältigen Lokalmundarten, deren Wortschatz der seit 1952 erscheinende mehrbändige »Vocabolario dei dialetti della Svizzera italiana« dokumentiert, verschwinden sukzessive und wohl unaufhaltsam. Längst hat sich eine mundartliche Koine ausgebildet, also eine regionenübergreifende Ausgleichssprache zwischen den Mundarten von Lugano, Locarno und Bellinzona – wesentlich stärker als in der Deutschschweiz, wo zwar über den »Bahnhofbuffet-Olten-Dialekt« gescherzt wird, die Unterschiede aber unverändert fortbestehen.

Im öffentlichen Leben des Tessins spielt der Dialekt eine vollkommen andere Rolle als in der Deutschschweiz, nämlich fast keine. Während ein berufliches Fortkommen in Aarau oder Winterthur schwer möglich ist, wenn man kein Schweizerdeutsch versteht, verwendet man im Tessin Mundart nur, wenn man sich sicher ist, dass auch der andere sie spricht, also keinesfalls beim Einkaufen gegenüber der unbekannten Kassiererin. Und selbst wer mit Kollegen am Arbeitsplatz Mundart redet, gebraucht gegenüber dem Chef, aber auch im Gespräch mit einem Untergebenen in der Regel Standarditalienisch, das, anders als Hochdeutsch in der Deutschschweiz, ein höheres Sozialprestige besitzt. Natürlich weist dieses Helvetismen auf, vor allem Lehnwörter aus dem Deutschen oder Französischen. So heißt die Reservierung im Tessin *riservazione* statt *prenotazione*, ein Sonderangebot ist keine *offerta speciale* wie in Italien, sondern wird mit dem Wort *azione* plakatiert, und ein *telefono cellulare* nennt man wie in der Deutschschweiz *natel*.

Der auffälligste Unterschied der zur lombardischen Dialektfamilie gehörenden Tessiner Mundarten zum Standarditalienischen ist die Verwendung von Umlauten. Sie gehören als Relikt der gallischen Sprache, die die norditalienischen Dialekte mitprägte, zum alteingesessenen Lautrepertoire. Herz heißt *cör*, Ei *öf*, Mauer *mür*, Statur *fügüra*, heute *inchöö* und Beerdigung *füneral*. *Zücchin* ist der gebräuchliche Ethnophaulismus, also ein abwertender Übername, für die Deutschschweizer. Abgeleitet vom italienischen *zucca*, Kürbis, bedeutet er im übertragenen Sinne Dickkopf – wir Landsleute aus dem Norden gelten als vergleichsweise behäbig, unflexibel, rechthaberisch und stur. Ach ja, übrigens: Zucchini heißen *züchétcol*.

Wie gesagt, die Wahrscheinlichkeit, dass ein Tessiner Sie mit *Uela, come te scte?* begrüßt, »Hallo, wie geht es dir?«, ist gering, und wenn Sie im Grotto in passablem Italienisch oder notfalls auf Deutsch um die Rechnung bitten, ist das besser, als anbiedernd *A podi paga', per piasée?* zu radebrechen. Dennoch sind vielleicht ein paar Redewendungen ganz nützlich:

Bon dì! – Guten Tag!

Ta vöri ben. – Ich liebe dich.

L'amor u fa faa selt, la fam la'gl fa faa piseielt. – Die Liebe lässt einen Sprünge machen, der Hunger noch viel höhere.

I russ poch a gh'n'è, meno a gh'en fuss. – Es gibt wenige rothaarige Menschen, und es wäre gut, es gäbe noch weniger.

Von Kremlbaumeistern und Kaminkehrerkindern

Sozialwohnungsbauten mit bis zu 16 Stockwerken prägen das Ortsbild von Lugano, leer stehende Fabrikgebäude und ein riesiger Autofriedhof. Auf den Straßen liegt Müll, die Wasserversorgung und -entsorgung ist mangelhaft, die Mortalität bei Kindern so erschreckend hoch wie die Kriminalitätsrate. Abends, geschweige denn nachts, trauen sich die Bewohner aus Angst vor Raubüberfällen kaum auf die schlecht beleuchteten Straßen. Villa Lugano ist ein Viertel im Südwesten von Buenos Aires und zählt rund doppelt so viele Einwohner wie die finanzkräftige Stadt, nach deren Vorbild es 1908 in einem Sumpfgebiet gegründet wurde – von einem Immigranten aus dem Tessin: Giuseppe Soldati, geboren als Mitglied einer alteingesessenen Familie in Neggio im Malcantone (einer Region des Sottoceneri), wohin er 1909 zurückkehrte. Wie viele im Ausland vermögend gewordene *emigranti* investierte er seinen neuen Reichtum in der alten Heimat, auch in öffentliche Bauten wie die Bahnlinie Lugano–Ponte Tresa, und verhalf ihr so zu wirtschaftlichem Aufschwung. Giovanni Pedrazzini aus Locarno beispielsweise wurde mit Gold- und Silberminen in Mexiko reich und gründete nach seiner Rückkehr die Elektrizitätsgesellschaft Sopracenerina – sein Sohn Paolo aus der Ehe mit der Mexikanerin Dolores Palacio war übrigens eine der großen Lieben Else Lasker-Schülers, die dem »Dogen von Locarno« 1923 ihre Gedichtsammlung »Theben« widmete.

In vielen Gemeinden zeugen prächtige Palazzi vom Erfolg der Tessiner in Übersee, etwa die klassizistische Villa Argentina in Mendrisio oder die Villa Buenos Aires in San Nazzaro. Nicht selten stehen schmuckvoll stuckverzierte Bürgerhäuser reicher Remigranten wie deplatziert inmitten von Wiesen und Feldern. In Someo, einem von traditionellen Natursteinhäusern geprägten Dörfchen im Maggiatal, reiht sich im Viertel der *sciur*, der »Herren«, eine Neorenaissancevilla an die andere, als sichtbarer Ausdruck des Emigrantenglücks. Und außer dem bescheidenen Gemeindefriedhof gibt es den Cimitero californiano, den wesentlich prächtigere Grabstätten zieren – Distinktionsbedürfnis, um nicht zu sagen: Klassenkampf über den Tod hinaus.

Während heute immer mehr Stimmbürger die Zuwanderung rigide reguliert sehen möchten, galt das ach so liebliche Tessin lange Zeit als Auswandererkanton. *Dal bel u na s'mangia vèe nuta*, heißt es im Dialekt: Vom Schönen hat man nicht gegessen. Das Land war zu karg, um seine Bewohner zu ernähren, vor allem in den von steilen Bergen eingeschlossenen Tälern. Zumal die Realteilung vorherrschte, ein Bauernhof also bei fünf Nachkommen durch fünf geteilt wurde, und so über Generationen Parzellen entstanden, die kaum noch mit Gewinn zu bewirtschaften waren. Aus vielen Dörfern strömte ein Großteil der arbeitsfähigen Männer über die Grenze, zurück blieben Frauen, Kinder und Greise, das beackerte Land verwilderte.

Bis zum Zweiten Weltkrieg trieb und zog es Zehntausende in die Ferne, über Jahrhunderte in der Regel periodisch – Ziel blieben die Heimkehr und die Verbesserung der heimatlichen Lebensverhältnisse –, ab Mitte des 19. Jahrhunderts zunehmend dauerhaft. Manche waren Elends- oder Wirtschaftsflüchtlinge, wie man heute sagen würde, andere verließen die Heimat aus Neugier und Abenteuerlust. Es gab hochbegabte Künstler und versierte Kunsthandwerker, die Karriere machen wollten, indolente Glücksritter und initiative Geschäftsleute. Tessiner kämpften als Kriegsknechte auf den Schlachtfeldern Europas oder prägten als Architekten das Antlitz von Metropolen wie Rom und St. Petersburg. Sie verdingten sich als Lastenträger im Hafen von Genua, verkauften Marroni in Paris oder machten ein Vermögen mit Glacé-Spezialitäten in London. Im 19. Jahrhundert emigrierten die Bewohner des Sottoceneri bevorzugt nach Südamerika, die Valmaggesi wählten meist den Weg nach Australien, viele Bewohner des Verzascatals ließen sich als Siedler in Kalifornien nieder. Oder aber sie blieben daheim und vermieteten oder verkauften ihre Kinder als Sklaven in die Lombardei und ins Piemont …

Zwischen 1400 und 1848 verdienten zwei Millionen Schweizer ihren Lebensunterhalt als Söldner in fremden Armeen, die meisten, um der Not zu entfliehen; ein Drittel kam ums Leben. Die arme Bevölkerung des Tessins, bis 1798 Untertanengebiet der Eidgenossenschaft, bot ein ideales Reservoir für die Rekrutierung dieser Reisläufer – die notabene nicht das Geringste mit Reis zu tun hatten, der im Maggiadelta erstmals in den 1930er-Jahren angebaut wurde. Das mittelhochdeutsche *reise* bedeutet »kriegerischer Auszug, Feldzug« und ist der Vorläufer des heute gebräuchlichen Wortes. An die Hochzeit des Reislaufens im 16. Jahrhundert erinnert die heute in Privatbesitz befindliche Ca' di Ferro. Der schlossartige, zwischen Eisenbahnlinie und Seepromenade eingeklemmte Gebäudekomplex bei Minusio wurde 1558 vom Urner Peter a Pro erbaut, ehemals Vogteischreiber in Lugano, nunmehr Korn- und Weinhändler sowie Oberst in französischen Diensten, der hier Kriegsknechte anwarb, ausbildete und ihren Einheiten zuteilte – ein lukratives Geschäft. 1859 verbot der Bundesrat die aktive Anwerbung von Söldnern und den Eintritt von Schweizer Bürgern in fremde Dienste. Dass auch heute noch 110 Mann der 1506 gegründeten Päpstlichen Schweizergarde – der kleinsten, ältesten und dank rot-blau-gelber Galauniform mit straußenfedergeschmücktem Morion auffälligsten Armee der Welt – für die persönliche Sicherheit des Nachfolgers Petri verantwortlich sein dürfen, verdanken sie einer Sonderbewilligung. Übrigens absolvieren die mindestens 1,74 Meter großen, römisch-katholischen und ledigen Rekruten seit 2016 einen Teil ihrer Ausbildung unter Leitung der Tessiner Kantonspolizei auf dem Waffenplatz Isone im Bezirk Bellinzona.

Schieben sie im Vatikan Dienst, blicken sie auf das Werk eines Landsmannes: Die barocke Fassade des Petersdoms entstand im frühen 17. Jahrhundert unter der Leitung von Carlo Maderno aus Capolago am Luganersee. Dessen in Melide geborener Onkel und Lehrmeister Domenico Fontana hatte das mittelalterliche Rom mit seinen dunklen Gassen in eine moderne Stadt mit großzügigen Straßen und Plätzen verwandelt, den Quirinalspalast und die Vatikanische Bibliothek erbaut und seinen Ruhm in der zweiten Hälfte der 1580er-Jahre mit der Aufstellung der großen Obelisken auf dem Petersplatz, der Piazza Santa Maria Maggiore, der Piazza San Giovanni in Laterano und der Piazza Santa Maria del Popolo gekrönt; in Neapel hatte er unter anderem den Palazzo Reale errichtet. Ein Verwandter Madernos, der 1599 in Bissone zur Welt gekommene Francesco Castelli, nahm den Namen Borromini an, wurde der Erzrivale des großen Bernini und der originellste Baumeister des römischen Barocks – Schweizern in meinem zarten Alter ist sein Antlitz durch die 1976 erstmals ausgegebene Hundert-Franken-Note vertraut (die 1989 durch einen Schein abgelöst wurde, den der Bündner Bildhauer Alberto Giacometti ziert). Ein anderes Familienmitglied, der um 1592 in Bissone geborene Pietro Maino Maderno, wurde als kaiserlicher Hofsteinmetz in Wien 1649 von Kaiser Ferdinand III. in den Adelsstand erhoben. Sein Schwiegersohn, der Architekt Francesco Caratti, der 1620 ebenfalls in Bissone das Licht der Welt erblickte, prägte ab 1652 das Bild Prags.

»Ticino: terra d'artisti«, lautete 1984 ein Slogan des Ente ticinese per il turismo – Tessin, Land der Künstler. Das Werbeplakat dazu zeigte ein Fresko der romanischen Kirche Santo Stefano al Colle, die hoch über dem Dorf Miglieglia thront, und die nächtlich erleuchtete Casa Rotonda, ein Wohnhaus in Stabio, entworfen von jenem vielfach preisgekrönten Architekten mit fünf Buchstaben, den Sie zumindest aus dem Kreuzworträtsel kennen, dem

1943 im Dorf Genestrerio bei Mendrisio geborenen Mario Botta.

Wird nach berühmten Schweizerinnen und Schweizern gefragt, kommt spornstreichs die Antwort: Roger Federer. Frisch und Dürrenmatt werden wie Max und Moritz im Doppel genannt, je nach Interessenlage denkt man an die stabdünnen Figuren des hageren Alberto Giacometti oder an die Rundungen von Ursula Andress, an den Chartbreaker DJ Bobo oder den Hamlet- und Hitlerdarsteller Bruno Ganz. An Calvin, Pestalozzi und Rousseau, Lilo Pulver, Albert Einstein und Ursli Pfister – die Aufzählung ist schier endlos. Aber Tessiner? Deutschschweizern kommen Dimitri und Nella Martinetti in den Sinn, Bundesanwältin Carla Del Ponte und Bundesrat Flavio Cotti, Bundesbürgern fällt allenfalls die im Tessin geborene Michelle Hunziker ein.

Und eben Botta, dem wir unter anderem die Bergkirche im Weiler Mogno verdanken, einen elliptischen Bau aus sich abwechselnden Schichten einheimischen Peccia-Marmors und Vallemaggia-Granits, und die ebenso beeindruckende Fiore di Pietra, ein oktaedrisches Stahlbetongebäude mit Restaurant- und Konferenzräumen bei der Bergstation der Monte-Generoso-Zahnradbahn. Aber auch das scheußlich monströse gemeindeeigene Spielcasino der 2000 Seelen zählenden italienischen Enklave Campione d'Italia, das größte Europas, das das Panorama des Luganersees verschandelt und 2007 zum *ecomostro*, zum »Umweltmonster« des Jahres gekürt wurde. Der omnipräsente Medienstar Botta ist indessen nicht der einzige zeitgenössische Architekt von Rang. Tita Carloni, Giancarlo Durisch, Aurelio Galfetti, Ivano Gianola, Luigi Snozzi, Livio Vacchini und andere haben dazu beigetragen, dass die

»Neue Tessiner Architektur« international als Inbegriff von Innovation und Anspruch gilt.

Historisch gesehen hätte der Slogan allerdings heißen müssen: »Tessin, Land der ausgewanderten Künstler«. Wer früher als Baumeister, Bildhauer oder Maler etwas werden wollte, verließ seine Heimat. Schon im Jahr 643 wurden im Kodex des Langobardenkönigs Rothari die *Magistri Comacini* erwähnt, freie, genossenschaftlich organisierte Bautrupps unter der Leitung von Meistern, die dorthin zogen, wo sie benötigt wurden. Mitte des 14. Jahrhunderts veranlasste die intensive Bautätigkeit in Florenz, Genua und Venedig ganze Familien, den Lebensunterhalt fern ihrer Tessiner Heimat zu suchen; vor allem in Rom stieg die Zahl solcher Bauleute rasant. Bis ins 19. Jahrhundert reisten Tessiner Architekten – oft gemeinsam mit Steinmetzen, Maurern und Schreinern, Stuckateuren, Bildhauern und Malern, die sie vorzugsweise aus ihrem Bekanntenkreis rekrutierten – durch ganz Europa, um für Päpste, Könige und Kaiser, Zaren und Sultane Festungen, Paläste, Kirchen, Moscheen und Theater zu errichten, umzubauen und auszustatten. Analog dem legendären Werbeslogan »Wer hat's erfunden? Die Schweizer!«, der neben den beworbenen Halsbonbons auf mehr oder minder Unentbehrliches vom Reißverschluss, dem Cellophan und dem Sparschäler über löslichen Kaffee und LSD bis zur Arterienklemme zutrifft, könnten kundige Kulturtouristen vor unzähligen Sightseeing-Hotspots von der Seufzerbrücke bis zum Kreml ausrufen: »Wer hat's gebaut? Ein Tessiner!«

Details? Leitende Architekten des Mailänder Doms waren Marco Solari aus Carona und sein Sohn Giovanni. Dessen Sprössling Guiniforte Solari entwarf die Pläne für das Kloster Santa Maria delle Grazie in Mailand, in dessen Refektorium man eines der berühmtesten Wandbilder der Welt bewundern kann, Leonardo da Vincis »Abendmahl«. In der nächsten Generation gestaltete Pietro Antonio Solari die Mauern und Türme des Kremls sowie den Facettenpalast, heute das älteste erhaltene profane Bauwerk Moskaus. Die Seufzerbrücke in Venedig wurde von Antonio Contin aus Lugano errichtet, die Rialtobrücke von seinem Onkel Antonio da Ponte. Filiberto Lucchese aus Melide verdanken wir den Leopoldinischen Trakt der Wiener Hofburg, heute Amtssitz des österreichischen Bundespräsidenten. Domenico Andrea Trezzini aus Astano entwarf und leitete dreißig Jahre lang die ersten großen Bauten St. Petersburgs, die der Stadt bis heute ihr charakteristisches Gesicht verleihen, darunter die Peter-und-Paul-Kathedrale, den Sommerpalast Peters des Großen und das Alexander-Newski-Kloster. Seit 2013 steht der Tessiner in Bronze gegossen vor seinem einstigen Wohnhaus (dem heutigen Trezzini Palace Hotel) auf der Wassiljewski-Insel, in der linken Hand einen riesigen Zirkel, in der rechten aufgerollte Baupläne. Der Würzburger Kiliansdom wurde von Lazaro Agustoni aus Monte umgebaut, seine innere Neugestaltung oblag dem Stuckateur Giovanni Pietro Magni aus Bruzella. Dessen Großneffe, der Rokokostuckateur Francesco Pozzi, wurde vom Baumeister Giovanni Gaspare Bagnato, dessen Vater aus Peccia stammte, mit den Wand- und Deckenornamenten in der Kirche und im Schloss Mainau beauftragt, er dekorierte den Arlesheimer Dom und konzipierte die Stuckarbeiten in der St.-Ursen-Kathedrale in Solothurn, die von Gaetano Matteo Pisoni aus Ascona erbaut worden war. Die Stuckaturen im berühmten Weißen Saal des

Palazzo Pitti in Florenz schuf Giocondo Albertolli aus Bedano, die durch den Film »Panzerkreuzer Potemkin« weltweit bekannte Potemkinsche Treppe in Odessa Francesco Boffa aus Arosio. Gaspare Fossati aus Morcote, Hofarchitekt des Zaren, erhielt 1847 von Sultan Abdul Megid den Auftrag, die Hagia Sophia im heutigen Istanbul zu restaurieren.

In großem Umfang und zum Teil mit exzeptionellem Erfolg waren Tessiner Emigranten aber auch in der Gastronomie tätig. Carlo Gatti, geboren 1817 im Weiler Marogno, der zum Dorf Dongio gehört, stieg vom mausarmen Emigranten zum millionenschweren Londoner Eiskönig auf. Im Alter von 12 oder 13 Jahren wanderte er aus dem Bleniotal, wo die Beschäftigungsmöglichkeiten minimal waren, nach Paris aus, um seinen Unterhalt als Marroniverkäufer zu bestreiten. 1847 übersiedelte er nach London, suchte mit einem von Hand geschobenen Wagen für Kaffee, Waffeln und Kastanien Kundschaft, bis er eine Reihe von Café-Restaurants nach Pariser Vorbild eröffnen konnte, Schokolade produzierte und Eiscreme herstellte, bis dahin ein Luxusprodukt für die Reichen, dank Gatti und einer von ihm mitentwickelten Maschine zur automatischen Zubereitung, die er auf der Weltausstellung von 1851 vorstellte, nun erschwinglich für jedermann. In ganz London wurde sie von Straßenverkäufern, den *hokey pokey men*, wie man sie wegen ihres Ausrufs »Gelati, ecco un poco!« (Hier ein wenig Eis!) nannte, angepriesen. Für einen Penny konnten die Kunden eine Kugel in einem – geliehenen – Glasbecher erstehen, dem *penny lick*; die heute übliche Eiswaffel wurde erst 1903 patentiert. Damit Gatti die Leckerei das ganze Jahr über herstellen konnte, ließ er 1857 zwei Eiskeller am Regent's Canal in der Nähe von King's Cross errichten, wo er aus Norwegen per Schiff importiertes Natureis unterirdisch lagerte, das er für Kühlzwecke auch an Privathaushalte verkaufte. Leitend in Gattis Imperium tätig waren seine beiden älteren Brüder, die 1852 aus dem Bleniotal nach London gekommen waren: Giuseppe zeichnete für die Schokoladenfabrikation verantwortlich, Giovanni führte mit der Royal Adelaide Gallery das größte Restaurant der Stadt, in dem er über 200 Tessiner als Köche und Kellner beschäftigte.

Schwerreich kehrte Carlo Gatti 1871 in seine Heimat zurück, wo er von den Bauern ehrfurchtsvoll »Milord« genannt wurde, unter anderem den Bau der Lukmanierstraße mitfinanzierte und 1878 stattliche vier Millionen Pfund hinterließ. Seine Neffen setzten die Londoner Erfolgsstory der Familie fort: Agostino und Stefano erwarben 1879 das Adelphi Theatre, auf dessen Bühne die göttliche Sarah Bernhardt die Ophelia gab, und 1892 das Vaudeville Theatre. Sie betrieben etliche wenig exklusive, gut frequentierte Restaurants, aber auch das legendäre Adelphi, in dem Berühmtheiten von Oscar Wilde bis Noël Coward verkehrten, und gründeten die Charing Cross & Strand Electricity Supply Company, die das Londoner West End mit Strom versorgte. Beide Brüder blieben ihrer Heimat eng verbunden. Stefano rief 1874 in London die bis heute als kulturelle Vereinigung existierende Unione Ticinese ins Leben, als Hilfsorganisation für die zahlreichen Tessiner, meist aus dem Bleniotal und der Leventina, die sich als Kellner verdingten. 1875 eroberte er für die Konservativen einen Sitz im Gran Consiglio, dem Tessiner Kantonsparlament, dem bis dahin sein liberaler Onkel Carlo zwei Legislaturperioden lang angehört hatte. Agostino saß 1873 bis 1893 trotz seiner Doppelbürgerschaft und seines Wohnsitzes in London sogar im Schweizer Nationalrat, ebenfalls für die Konservativen. Sein Sohn John Maria Gatti, 1872 geboren in Dongio im Tessin, fühlte sich dann ganz als Engländer, brachte es bis zum Lord Mayor of Westminster und wurde 1928 von George V. zum Ritter geschlagen.

Ende des 19. Jahrhunderts gab es in England, vor allem in London und Brighton, Hunderte Tessiner Restaurants sämtlicher Preiskategorien. Zu den angesehensten gehörte das Pagani's in London. Giuseppe Pagani stammte wie die Gattis aus dem Bleniotal. 1859 als Sohn eines in Mailand tätigen Chocolatiers in Torre geboren, emigrierte er mit 14 Jahren nach London, wo er zunächst als Kellner arbeitete, unter anderem bei den Gattis und bei seinem Cousin Mario, der 1871 ein bescheidenes Café in der Great Portland Street eröffnet hatte. Giuseppe avancierte zum Teilhaber, das sukzessive erweiterte Pagani's zum bevorzugten Musiker-Hangout, und so zierten bald die Unterschriften von Zelebritäten wie Tschaikowski, Puccini und Nellie Melba die Wände des »Artist Room« im oberen Stock. 1889 überließ Mario das Lokal Giuseppe, und um die Jahrhundertwende galt es als eines der besten Restaurants Londons, berühmt für kulinarische Kreationen wie das mit Zwiebeln, Kartoffeln, Pilzen, Speck, Butter und Wein in einem Steingutbräter im Ofen geschmorte »Poulet à la Pagani«.

Giuseppe Pagani kehrte 1903 als Millionär ins Bleniotal zurück, investierte in den Bau der Biasca-Acquarossa-Bahn und steckte den Großteil seines beträchtlichen Vermögens in die in finanziellen Schwierigkeiten steckende Firma Chocolat Cima Frères in Dangio, die er 1913 ganz übernahm und, nachdem er Inventar und Kundenstamm der in Liquidation befindlichen zürcherischen Schokoladenfabrik Norma gesichert hatte, unter dem Namen Chocolat Cima-Norma S. A. zum größten Betrieb in der Valle di Blenio mit 350 Arbeitsplätzen ausbaute und damit einen wirtschaftlichen Aufschwung des ganzen Tals einleitete. Nach seinem Tod 1939 ging die Fabrik – die einzige, die jemals in den Hochalpen erbaut wurde – an die Schwiegersöhne über und lieferte im Rahmen der Kriegswirtschaft einen großen Teil der schweizerischen Armeeschokolade. Nach dem Krieg nahm der Großverteiler Coop zwei Drittel der jährlich produzierten 1500 Tonnen feinster Schweizer Schoki ab, kündigte den Vertrag aber 1966, und so musste der Betrieb 1968 eingestellt werden, um einem drohenden Konkurs zuvorzukommen. Der Niedergang der Fabrik bedeutete das Ende der Schmalspurbahn im Bleniotal: 1973 wurden die Gleise demontiert, die Fahrzeuge verkauft oder verschrottet; seither verkehren nur noch Autobusse.

Natürlich schwammen nur wenige Tessiner in der Fremde auf einer Welle des Erfolgs, die meisten strampelten sich ab und gingen unter – nicht nur im wörtlichen Sinn, wie die drei Sopracenerini, die 1912 als Kellner auf der *Titanic* arbeiteten: Alessandro Pedrini, 21 Jahre alt, aus Osco, Abele Rigozzi, 25, aus Aquila und der 33-jährige Narciso Bazzi aus Brissago. Manch anderer junger Tessiner aus der Val Verzasca und den anderen Bergtälern suchte das Glück erst gar nicht, wollte seine Heimat eigentlich nicht verlassen, sondern wurde wie ein Leibeigener verschickt: Noch bis zum Ersten Weltkrieg wurden zahllose 8- bis 14-jährige Buben im Herbst, wenn sie auf den Alpen nicht mehr gebraucht wurden, von ihren Eltern für einen mickrigen Lohn als *spazzacamini* oder, wie es im Dialekt heißt, als *rüsca* nach Italien verdingt. Bis um Ostern herum mussten sich die je schmächtiger, desto begehrteren Kinder mit Knien, Rücken und Ellbogen die schmalen Kamine hochschieben, um mit einem Schabeisen den Ruß abzukratzen. Völlig unzureichend ernährt und nur notdürftig in Lumpen gehüllt, übernachteten sie in Ställen oder gar im Freien, viele wurden misshandelt, erkrankten, weil ihnen der Ruß auf die Lunge schlug, oder verunglückten, ohne dass man einen Arzt gerufen hätte.

Bekannt machte ihr von *fam, füm e frecc*, von Hunger, Ruß und Kälte, geprägtes Leben ein 1940 veröffentlichter Roman, der zum Klassiker der Jugendliteratur und mehrmals verfilmt wurde: »Die schwarzen Brüder. Erlebnisse und Abenteuer eines kleinen Tessiners« von Lisa Tetzner oder vielmehr ihrem Gatten Kurt Kläber. Die beiden waren aus dem »Dritten Reich« in die Nachbarschaft ihres Freundes Hermann Hesse nach Carona emigriert, wo auch Bertolt Brecht zeitweise bei ihnen hauste. Doch die Schweizer Behörden hatten den Kommunisten Kläber mit Schreibverbot belegt. Also publizierte er die Geschichte des *spazzacamino* unter dem Namen seiner Frau (und kurz darauf unter dem Pseudonym Kurt Held den bis heute immer wieder aufgelegten Jugendroman »Die rote Zora und ihre Freunde«): Sie beginnt im Spätsommer des Jahres 1838, als in Sonogno im Verzascatal ein mysteriöser »Mann mit der Narbe« namens Antonio Luini auftaucht und den zwölfjährigen Giorgio für dreißig Franken ein halbes Jahr lang mit sich nehmen will. Dessen Vater lehnt entrüstet ab: »Ich verkaufe meinen Sohn nicht für tausend Franken.« Doch als sich im folgenden Jahr die Mutter den Fuß bricht und das notwendige Geld für das Arzthonorar fehlt, darf Luini den Jungen haben – für zwanzig Franken. Giorgio muss in Mailand als lebender Kehrbesen durch die Kamine kriechen, wird von der Familie seines Meisters Rossi gequält und gedemütigt und bekommt kaum zu essen, doch dann schließt er Freundschaft mit anderen Kaminfegerjungen und wird in die Gemeinschaft der »Schwarzen Brüder« aufgenommen, die sich gegenseitig helfen und beschützen. Letztlich sorgt ein menschenfreundlicher Arzt aus Lugano dafür, dass sich alles zum Guten wendet, Luini wird verhaftet und zu einer langjährigen Gefängnisstrafe verurteilt; neun Jahre später kehrt Giorgio als Lehrer nach Sonogno zurück.

Nicht nur aus dem Verzascatal wurden kleine *spazzacamini* rekrutiert, auch aus der Vallemaggia und dem Centovalli. Alljährlich am ersten Sonntag im September pilgern rund tausend Kaminkehrer aus ganz Europa, aus den USA, Russland und Japan in historischer Arbeitskluft ins Städtchen Santa Maria Maggiore, das als Wiege der Schornsteinfeger gilt und unweit der Grenze in der Valle Vigezzo, der italienischen Verlängerung des Centovalli, liegt. Zum Gedenken an die schwierigen Anfänge ihrer Zunft und nicht zuletzt, um gemeinsam im Park der Villa Antonia zu feiern, die das Museo dello Spazzacamino mit Arbeitsgeräten, Kleidungsstücken und Werkzeugen, Fotografien und Dokumenten beherbergt.

Sie erreichen Santa Maria Maggiore am besten mit der Centovallibahn, die zwischen Locarno und dem piemontesischen Domodossola verkehrt. Von dort könnten Sie mit der italienischen Staatsbahn weiter nach Stresa fahren, im 19. Jahrhundert einer der bekanntesten Bade- und Erholungsorte in Europa, und dann per Schiff über den Lago Maggiore zurück nach Locarno, vorbei an den berühmten Borromäischen Inseln mit ihren prächtigen Palästen und Gärten, den Burgruinen von Cannero, malerischen Buchten und Ortschaften: »Lago Maggiore Express« nennt sich diese gefragte Rundreise, für die Tageskarten und zwei Tage lang gültige Billette erhältlich sind.

Um sich ein Bild von den Arbeitsbedingungen der Kaminkehrerkinder zu machen, müssen Sie nicht unbedingt nach Italien reisen. Auch das von Mai bis Oktober geöffnete Museo di Val Verzasca in Sonogno, das in der Casa Genardini, einem Wohnhaus aus dem 18. Jahrhundert, rund tausend Ausstellungsstücke zum früheren Alltagsleben zeigt, thematisiert in zwei Räumen ihr schweres Schicksal. Seit dem 16. Jahrhundert betrieben die Sonognesen *transumanza*, Transhumanz, bei der die Bauern mit dem Vieh zwischen vier Lebens- und Arbeitsräumen pendelten. Den Winter verbrachten sie im *piano* am Rande der Magadinoebene, wo sie Hirse, Gerste, Roggen und Hanf anbauten, im Frühjahr folgte der stufenweise Auftrieb der Rinder- und Ziegenherden in den *paese*, das Talgut, auf einer Höhe von 900 Metern über dem Meer, im Frühsommer auf die *monti*, die Maiensäßen, und schließlich auf die teils 1800 Meter hoch gelegenen Alpen, wo die Tiere rund hundert Tage weideten – das Talgut und die *terricoli*, die Rebgüter, mussten natürlich weiterhin bewirtschaftet werden. Sommers wurden Milch und Käse produziert, im Herbst während des Abstiegs mit dem Vieh Kastanien eingesammelt und gedörrt.

Wie viele Ortschaften des Tessins entvölkerte die Auswanderung auch das allerletzte und damit abgelegenste Dörfchen des dramatisch schönen Tals. Bewohnten 1850 noch 334 Menschen Sonogno, zählte es 150 Jahre später gerade mal 86 Einwohner. Zu ihrem – nicht zuletzt finanziellen – Glück hat die vor dem imposanten Panorama des 2735 Meter hohen Monte Zucchero auf einem Sporn zwischen den beiden Verzasca-Quellflüssen liegende Gemeinde ihr malerisches Ortsbild derart perfekt bewahrt, dass so mancher sich in den Kulissenbauten eines Freizeitparks wähnt. Entzückt flanieren in der Hochsaison ganze Busladungen munter tratschender Senioren an grauen Granithäusern mit blumengeschmückten Holzbalkonen vorbei über das erneuerte Steinpflaster der Strada dal Forn, das so sauber ist, dass man Polenta davon lecken könnte. Sie bestaunen den straßennamengebenden *forno comunale*, den alten steinernen Backofen, der rußgeschwärzt und folglich noch in Gebrauch ist, die bunten Heiligenfresken an den Hauswänden, die Pfarrkirche Santa Maria Lauretana mit den Malereien des 1827 in Sonogno geborenen Courbet-Schülers, -Freundes und -Faktotums Cherubino Patà. Und kaufen in den Boutiquen überteuerten Tinnef oder in der Casa della Lana Produkte aus lokal hergestellter, mit Blättern, Wurzeln und Früchten gefärbter und gesponnener Schafwolle, um dann erschöpft bei einem Eiskaffee auf die Abfahrt zu warten.

Sofern Sie nicht auf solch einer organisierten Tour oder mit dem eigenen Gefährt unterwegs sind (am Dorfeingang hat man einen gebührenpflichtigen Parkplatz für zweihundert Autos eingerichtet), erreichen Sie Sonogno per PostAuto von Locarno aus; es trägt die leicht zu memorierende Busnummer 321. Sollten Sie körperlicher Ertüchtigung weniger abhold sein als ich, können Sie dann auf dem *Sentierone* genannten Weg durch das 25 Kilometer lange Verzascatal bis zum Lago Maggiore hinab- und damit in den Fußstapfen des kleinen Giorgio zurückwandern (oder eine Etappe per pedes bewältigen und sich die restliche Strecke im Bus chauffieren lassen). Entlang des – wie sein von *verde acqua*, grünes Wasser, abgeleiteter Name schon sagt – smaragdgrünen Flusses, dessen Farbe von ausgewaschenen Serizitgneisen herrührt, geht es durch Laubwald aus Kastanien, Buchen, Erlen, Eschen und Nussbäumen nach Frasco, wo zwei Brunnen unweit der Kirche San Bernardo d'Aosta und im hübschen Weiler Torbora die »kalifornischen Wohltäter« preisen, und weiter nach Gerra. Dort lebte bis zwei Jahre vor ihrem Tod im Jahr 2011 die ihrerzeit populärste, aber keineswegs unumstrittene Wahltessinerin. Doris Schmid hatte 1971 ihr Antiquitätengeschäft in Basel aufgegeben, weil sie als Aus- oder vielmehr Umsteigerin das ursprüngliche Leben suchen wollte. Unter dem in deutschen Ohren entschieden schweizerischer klingenden Pseudonym Kathrin Rüegg hatte sie mit idyllisierenden Büchern wie »Kleine Welt im Tessin« und »Dies ist mein Tal – dies ist mein Dorf« eine Gesamtauflage von vier Millionen erreicht und 24 Jahre lang im deutschen Fernsehen die Haushaltsratgeber- und Kochreihe »Was die Großmutter noch wusste« moderiert. Tausende vorwiegend weiblicher Fans waren zu Rüegg gepilgert, um ihre Spinn-, Web-, Strick- und Kochkurse zu belegen, in ihrer Pension abzusteigen oder in ihrem *Lädeli* mit dem Namen El Boteghin Biogemüse, Kastanienbrot und das aus der TV-Sendung bekannte Geschirr zu kaufen.

Von Gerra führt der Weg nach Brione, in dessen Weilern Alnasca und Ganne *lüére*, jahrhundertealte Fallen, in denen lebendige Köder ausgelegt wurden, von den einst zahlreichen Wölfen zeugen, die in die Herden einbrachen, Schafe und Ziegen rissen und den Bauern großen Schaden zufügten. Aber auch die Pfarrkirche Santa Maria Assunta ist wegen ihrer um 1350 entstandenen Fresken aus der Giotto-Schule sehenswert.

Touristische Hauptattraktion der Tour ist die wildromantische Verzasca, deren malerischster Abschnitt durch bizarr geformte, glatt polierte Felsen in der Nähe des Weilers Piée beginnt und etwa zwei Kilometer hinter Lavertezzo endet. Dreihundertfünfzig Meter nordwestlich des Bilderbuch-Dorfzentrums schwingt sich der fälschlicherweise auch als »Römerbrücke« bezeichnete, aus dem 17. Jahrhundert stammende Ponte dei Salti in zwei eleganten Bögen über den Fluss. Kaum ein Tourist verzichtet auf ein Selfie vor dem beliebtesten Fotomotiv des Tessins, die Mutigsten lassen sich von ihren Freunden beim 14 Meter tiefen Sprung ins selbst hochsommers 13 Grad kühle Wasser knipsen. Auch Drift Diver kommen hier (wie flussabwärts beim Pozzo delle Posse und beim Pozzo delle Misura) auf ihre Kosten, denn die Verzasca gilt als einer der schönsten Tauchspots der Welt – gefährlich schön: Pegelstand und Strömungsverhältnisse können sich binnen kürzester Zeit ändern. »So nice … so dangerous«, lautet unmissverständlich der Titel des unter anderem von der Commissione Verzasca Fiume Sicuro und der Tessiner Kantonspolizei herausgegebenen Tauchleitfadens. Ein gewisses Risiko gehen wegen der rutschigen Steine, der starken Strömungen und heftigen Wasserwirbel aber auch Badende ein. Zwar ist in den letzten Jahren aufgrund der

Plakatkampagne »Viel Spaß ... aber Achtung« die Zahl der Opfer deutlich zurückgegangen, dennoch vergeht kaum eine Saison ohne tödliche Unfälle.

Für mich gehört es zu den schönsten Jugenderinnerungen, wie eine Eidechse auf den Felsen zu liegen, die der Fluss in fantastische Formen geschliffen hat, mich von der Sonne wärmen zu lassen und zwischendurch in den vom Wasser in beinahe ergonomischen Formen in den Stein gefressenen natürlichen Whirlpools wieder abzukühlen. Damals waren wir, zumindest unter der Woche, dort fast alleine, mittlerweile werden die Parkplätze schon am Vormittag knapp (mit der »Verzasca Parkingcard« darf Ihr Auto an 33 verschiedenen Orten im Tal parkieren), und die eingeölten Sonnenanbeter liegen gettoblasterbeschallt auf Tuchfühlung.

Zum Gau kam es, als im Juli 2017 ein sogenannter Influencer, der italienische Videoblogger Capedit alias Marco Capredi, einen 74 Sekunden langen Clip mit dem Titel »Le Maldive di Milano« auf Facebook und YouTube postete: Zwei Jungs und zwei Mädchen schwimmen, »eine Stunde von Mailand und 45 Minuten von Varese entfernt«, in der kristallklaren Verzasca. Als Patriot verstehe ich das weltweite Bedürfnis, beeindruckende Landschaften nach der schönen Schweiz zu benennen (neben der Sächsischen und der Fränkischen weniger geläufige wie die Badraer, die Calauer und die Mosigkauer Schweiz, zudem die Kaschubische, die Böhmische, die Dänische, die Transnistrische, die Mongolische und unzählige weitere), aber es bleibt mir ein Rätsel, warum man Orte in deren allerschönstem Teil hingebungsvoll mit idiotischen Beinamen belegen und beispielsweise Ascona als »das Saint-Tropez der Schweiz« oder

Lugano als »das Rio de Janeiro Europas« bezeichnen muss. Jedenfalls bescherte der millionenfach aufgerufene, geteilte und kommentierte virale Hit den nicht auf eine solche Masseninvasion vorbereiteten »mailändischen Malediven« lange Staus und jede Menge Abfall. »Sie haben keinen Respekt vor irgendetwas, schlafen in Autos, rennen halb nackt durch die Straßen und machen das Tal zu einer Open-Air-Toilette«, klagten Anwohner.

Sind Sie beim Ponte di Corippo angelangt, ist der Abstecher auf die rechte Talseite zum achtzig Meter höher gelegenen Dörfchen Corippo ein Muss. »Eine dreieckige Kaskade von grauen Häusern und schwarzen Dächern, die sich eng um die Kirche scharen, welche den Sturz aufhält, indem sie sich querstellt«, beschrieb der Tessiner Schriftsteller Piero Bianconi die unter Denkmalschutz stehende Postkartenidylle. Von Weitem wirken die sämtlich nach Südosten ausgerichteten, sich aneinanderkauernden und nur durch schmale Gassen getrennten Bruchstein-Rustici mit ihren granitgedeckten Dächern wie ein einziger Steinhaufen, aus dem lediglich der Campanile der Pfarrkirche hervorragt. Der wild bewachsene Hang, an den sich Corippo waghalsig klammert, ist so steil, dass man für den Friedhof eine Terrasse anlegen musste. Und den Hühnern, so witzelt man, habe man früher Tücher um die Schwänze gebunden, damit die Eier nicht ins Tal kullerten.

Zählte Corippo Mitte des 19. Jahrhunderts rund dreihundert und 1950 immerhin noch siebzig Seelen, hielt es 2018 mit vierzehn Einwohnern den zweifelhaften Rekord als kleinste politische Gemeinde der Schweiz (in der indes mehr als vierzig Zweitwohnungsresidenzen stehen), zugleich war der Singleanteil mit 86 Prozent der landesweit höchste. Selbstverständlich ist das Dorf keine Hochburg von Hedonisten, die nach Autonomie und Selbstverwirklichung streben und täglich durch Tinder swipen – die Bewohner sind größtenteils Alleinlebende im Rentenalter, geschieden oder verwitwet; zehn von ihnen tragen denselben Nachnamen. Die Gemeindekasse ist leer, natürlich gibt es weder eine Post noch einen Pfarrer, und der nächste Supermarkt liegt elf Kilometer entfernt. Immerhin versorgt Eros Mella aus Brione die Einwohner jeden Morgen um kurz nach acht mit frischem Brot (die Panetteria Pasticceria Mella ist die einzige Bäckerei im gesamten Verzascatal; probieren Sie unbedingt den *panettone*, ein traditionell in der Weihnachtszeit verzehrtes süßes Brot in kuppelartiger Form mit Orangeat, Zitronat und Rosinen).

Vor dem Aussterben bewahren soll den schmucken Weiler nun ein ehrgeiziges Tourismusprojekt. Nach dem Vorbild italienischer Dörfer möchte man Corippo in ein Streuhotel verwandeln. Die Osteria soll künftig die Rezeption beherbergen, ein Dutzend verlassener Rustici im Dorfkern möchte man zu komfortablen Gästehäusern umbauen. Den kollektiven Brotofen, die beiden Mühlen und das Kastanientrockenhaus will man restaurieren, Kastanienwälder aufforsten und ein Roggenfeld ansetzen, also traditionelle Produktionsweisen wieder aufnehmen und den Besuchern Nahrungsmittel lokaler Produzenten anbieten.

Von der Minigemeinde aus blickt man auf den 5,5 Kilometer langen, rund 400 Meter breiten, hauptsächlich von der Verzasca gespeisten Lago di Vogorno, der im Süden von der gewaltigen, in den Jahren 1960 bis 1965 erbauten Contra-Talsperre gestaut wird. Waghalsige ab zehn Jahren, die mindestens 45 und höchstens 110 Kilogramm wiegen, können sich wie mehr als 10 000 Furchtlose vor ihnen ein paar Sekunden lang wie James Bond fühlen und angebunden an ein hoffentlich nicht zu langes Seil in die Tiefe stürzen – freilich kein typisches Brauchtum der Südschweiz, sondern des Südpazifiks, wo auf der Insel Pentecôte die pubertierenden Buben mit dem Sprung an einer Liane ins Erwachsenenleben eintreten. Der Sage nach floh einst eine Frau vor einem paarungsbereiten Verehrer auf einen hohen Banyanbaum und sprang, als er ihr folgte, hinab. Der Liebestolle stürzte sich hinterher und damit in den Tod, die Clevere aber hatte vor dem Sprung ihre Füße an eine Liane gebunden und lebte glücklich weiter. In Vogorno verwendet man selbstredend keine Lianen, sondern Seile aus Gummi – bekanntlich ein Material, das schon so manche Beziehung gerettet hat.

Der Weg führt weiter hinab nach Tenero, dessen Klima das mildeste der Schweiz ist, und so hat es sich mit einem halben Dutzend Plätzen als riesiges Campingzentrum etabliert. Flanieren Sie von hier am Seeufer entlang Richtung Westen, gelangen Sie nach Minusio, das Mitte des 19. Jahrhunderts durch die Auswanderung regelrecht ausblutete. Innert zweier Jahre emigrierten achtzig junge Männer aus der damals 900 Bewohner zählenden Gemeinde nach Australien, um als Goldgräber ihr Glück zu suchen, viele weitere folgten, andere gingen als Landarbeiter nach Kalifornien.

Das heute auf den ersten Blick wenig einladend wirkende, von Luxusbauten und Wohnkasernen geprägte Minusio war auch ein geschätzter Zufluchtsort gefährdeter und gefährdender Existenzen, Utopisten und Esoteriker. Der russische Revolutionär und Anarchist Michail Alexandrowitsch Bakunin bewohnte 1873 bis 1874 die Villa La Baronata, die heute hoch über dem östlichen Eingang des Umfahrungstunnels von Locarno thront. Ganz in der Nähe gründete 1919 die Gewerkschafterin und Frauenrechtlerin Margarethe Hardegger in einer alten Mühle den Villino Graziella, eine Siedlung des Sozialistischen Bundes, in der man gemeinsam leben, lieben und arbeiten wollte, die aber nach wenigen Jahren scheiterte. 1925 pflegte sie dort den tuberkulosekranken Maler El Lissitzky, drei Jahre später schuf sie ein Entbindungsheim für unverheiratete Mütter, in den Dreißigerjahren unterstützte sie Flüchtlinge aus dem »Dritten Reich« und wurde als »Schwester Hyazinthe« Mitglied im »Ordo Templi Orientis«, der sich die sexuelle Befreiung auf die Fahne geschrieben hatte. Nach dem Krieg engagierte sie sich aktiv in der Friedensbewegung und trat bis zu ihrem Tod 1963 für das Frauenstimmrecht ein.

Am anderen Ende Minusios, im Molino dell'Orso, der am Bachlauf des Rabissale gelegenen Bärenmühle in der Via Decio Bacilieri 17, verbrachte der kränkelnde Stefan George einen Großteil seiner letzten beiden Lebensjahre. Beigesetzt wurde der umstrittene Dichter am Nikolaustag des Jahres 1933 auf dem alten Campo Santo, der 1982 einem Kinderspielplatz weichen musste; heute ruht George unter einer monumentalen Steinplatte aus Granit auf dem neuen Friedhof an der Via Rinaldo Simen. Dort liegt übrigens wenige Schritte westlich auch der 1978 verstorbene Robert Gilbert begraben, der von Hannah Arendt überschwänglich als Nachfolger Heinrich Heines gerühmte Textdichter unsterblicher Schlager wie »Was kann der Sigismund dafür, dass er so schön ist«, »Ein Freund, ein guter Freund«, »Liebling, mein Herz lässt dich grüßen« und »O mein Papa«.

Gehen Sie jene Straße westwärts, gelangen Sie – kurz nach der Kreuzung mit der Via Borenco, an der der 1974 verstorbene Dada-Aktivist, Dandy, Bürgerschreck und Psychiater Richard Huelsenbeck residierte – zum einzigen visionär-utopischen Tempelbau der Schweiz neben dem anthroposophischen Goetheanum in Dornach: Das Sanctuarium Artis Elisarion wurde 1927 vom exzentrischen baltischen Maler und Dichter Elisàr von Kupffer und dessen Lebenspartner Eduard von Mayer erbaut. Es sollte die Kultstätte des Klarismus sein; diese neureligiöse dualistische Ideologie, die auf der Gegenüberstellung von Chaos und Klarheit beruhte und im Kontrast zum Christentum stand, proklamierte einen dritten Weg zwischen Kapitalismus und Kommunismus und die Überwindung der Geschlechtergrenzen, wies aber auch frauenfeindliche und antisemitische Tendenzen auf. 1939 wurde eine mit Oberlicht durchflutete, säulenverzierte Rotunde angefügt, um das monumentale malerische Hauptwerk von Kupffers auszustellen: das 25 Meter lange, dreieinhalb Meter hohe Gemälde »Klarwelt der Seligen«, auf dem sich 84 schamhaarbefreite, sparsam bestückte Jünglinge tummeln – die schwule Variante eines idealen Lebensentwurfs (seit 1987 befindet sich das Bild auf dem Monte Verità). Der Kanton, dem von Mayer die Villa 1960 samt Inhalt mit der Auflage vermachte, das Anwesen im ursprünglichen Zustand zu erhalten, schlug das Erbe aus, schließlich übernahm es die Gemeinde, wusste aber mit diesem Tempel homoerotischer Kunst wenig anzufangen. Im Inneren durch Umbaumaßnahmen weitgehend zerstört, dient die Villa in der Via Rinaldo Simen 3 seit 1981 als Kulturzentrum, eine kleine Ausstellung widmet sich von Kupffer und von Mayer.

Sechshundert Meter nordwestlich lebte in Muralto, wo insbesondere die romanische Kirche San Vittore mit Fresken aus dem 12. Jahrhundert einen Besuch lohnt, sozusagen die Urgroßmutter der sexuellen Revolution. Franziska Gräfin zu Reventlow wohnte von 1916 bis zu ihrem Tod 1918 in einem nicht mehr erhaltenen Haus in der Via Ticino 8, der heutigen Via avvocato Buetti 5. Die Schriftstellerin und Bohemienne war von München ins Tessin übergesiedelt, um dort durch eine Scheinehe mit dem alkoholkranken und beinahe tauben Alexander von Rechenberg-Linten dem Bankrott zu entgehen: »Er verfolgt dabei den Doppelzweck, seine Familie zu schikanieren und ihr zu imponieren, und hat als Belohnung für die mutige Tat die Hälfte seiner Erbschaft ausgesetzt. (Der Vater ist schon 78.)« Doch Papa Rechenberg hatte die Komödie durchschaut und seinem missratenen Filius 1913 lediglich den Pflichtteil vermacht, schließlich hatte auch noch der Credito Ticinese, die Locarneser Bank, auf der die Reventlow ihre Hälfte des Erbes deponiert hatte, Konkurs anmelden müssen. So arbeitete sie als Lockvogel im Casino von Locarno, spielte, ohne Schulden begleichen zu müssen und ohne Gewinne behalten zu dürfen. Mit 47 Jahren starb sie an den Folgen eines Fahrradsturzes.

Von den zahlreichen Prominenten, die sich in Muralto niederließen, war der mit der Ehrenbürgerschaft der Gemeinde geehrte Erich Fromm zweifellos der bedeutendste. Der Psychoanalytiker, Sozialpsychologe und Gesellschaftskritiker, dessen Bestseller »Die Kunst des Liebens« eine ganze Generation bei ihren ersten Beziehungsversuchen unterstützte, verbrachte ab 1969 die Sommermonate in Muralto und lebte von 1974 bis zu seinem Tod 1980 in einer bescheidenen Wohnung im fünften Obergeschoss des Apartmenthauses Casa La Monda in der Via Franscini 4. Dort verfasste der »Weise vom Lago Maggiore« seine letzte bedeutsame Schrift »Haben oder Sein«.

Nun könnte ich, possierlich vom Hölzchen aufs Stöckchen hüpfend, weiterassoziieren, dass der Autor des Schauspiels »Haben«, dessen Wiener Uraufführung 1945 als erster Theaterskandal nach dem Krieg gilt, ganz in der Nähe logierte. Julius Hay, den man als einen der Wegbereiter des Ungarnaufstands im Gefängnis inhaftiert, dann amnestiert und abgeschoben hatte, verbrachte seinen Lebensabend in Ascona. Doch die Tour auf der Spur der Tessiner Emi- und Immigranten soll fürs Erste in Muralto enden, wo trotz seines Namens der Bahnhof Locarno liegt, an dem sie startete, und wo noch einmal fast alle Themen anklingen: An der wenige Schritte nördlich des Bahnhofs beginnenden Via San Gottardo liegt, verborgen hinter einer Mauer und dichtem Grün und versehen mit der Hausnummer 37, die Villa Liverpool. Ausgeschmückt mit Fresken von Giovanni Antonio Vanoni, der als einfacher Bauernsohn von Aurigeno nach Italien gezogen war, um die Malerei zu erlernen, zeugt das 1857 errichtete neoklassizistische Gebäude vom Erfolg Lodovico Pedronis aus Mergoscia, einem typischen Bergdorf des Verzascatals (und dem geografischen Mittelpunkt des Kantons). Nach dem frühen Tod der Mutter mussten sich der Junge und seine beiden Brüder als *spazzacamini* in Cannobio verdingen, allein Lodovico überlebte und konnte 1831 nach England auswandern, schlug sich als Straßenverkäufer durch, wandte sich dem Schmuckhandel zu und kehrte als gemachter Mann ins Tessin zurück.

Der Tessiner Lebensbaum

Natürlich hat man auch die Feinmotorik meiner Patschhändchen mit dem Basteln von Kastanienmännchen geschult. Die selbst gesammelten, aus ihrer stacheligen Hülle befreiten Früchte wurden mit Zahnstochern zu einem anthropomorphen Etwas zusammengesteckt, das wirkte, als hätte Paul Klee Pate gestanden, oder zu Figuren, in denen man allein dank meiner Erläuterung ein niedliches Schäfchen oder Schweinchen erkennen konnte. Die elaborierteren Bastelarbeiten wurden stolz an die Großeltern oder sonstige Opfer frühen artistischen Schaffens verschenkt und schließlich, nachdem sie eine Zeit lang möglichst versteckt verstaubt waren, verschrumpelt dem ewigen Kreislauf des Lebens zugeführt.

Es bedurfte einiger Jahre, bis ich über den ästhetischen Gebrauchswert der nahtlos braunen Schönheiten hinaus auch ihren zartsüßen, nussigen Geschmack schätzen lernte und mich auf die Zeit freute, wenn eingemummte Männer sie endlich wieder auf Basels Straßen nach alter Väter Sitte in schmiedeeisernen Gestellen über offenem Feuer rösteten und feilboten, lauthals »Heiße Marroni! Heiße Marroni!« rufend. Die neun, zehn Stück, die in ein 150-Gramm-Papiersäcklein passten, hatte ich schnell verspeist, und die Versuchung, obschon hinreichend gesättigt, gegen alle Vernunft eine weitere Portion zu erstehen, war immens. Wobei ich damals zwar schon wusste, dass die von mir zu Kunstwerken verarbeiteten Früchte oder, botanisch genau genommen, Samen der Rosskastanie (*Aesculus hippocastanum*), die viele Parks und Alleen ziert, ansonsten allenfalls als Tierfutter taugen und ihr Verzehr beim Menschen zu Übelkeit, Bauchschmerzen und Erbrechen führen kann, ja sogar zu Angstgefühlen und Bewusstseinstrübungen. Ich hatte jedoch keine Ahnung, dass es sich bei der größeren, runderen und aromatischeren Marone um eine weitergezüchtete Form der Esskastanie handelt und dass beides Arten der mit der Rosskastanie nicht einmal entfernt verwandten, sondern zur Familie der Buchengewächse gehörenden Edelkastanie (*Castanea sativa*) sind, von denen es allein im Tessin einst rund 120 verschiedene Sorten gab und heute halb so viele noch gibt, mit Namen wie Lüina, Pinca und Torción negro. Sollten sich die ambulanten Händler in Ihrer Nachbarschaft selbst an nasskalten Tagen rarmachen, an denen geröstete Kastanien am besten schmecken, können Sie diese auch selbst zubereiten. Legen Sie sie für mindestens eine Stunde in kaltes Wasser, ritzen dann ihre rötlich braune Schale auf der gewölbten Seite kreuzförmig ein und backen sie bei 220 Grad Umluft eine knappe halbe Stunde im vorgeheizten Ofen. Am besten platzieren Sie in der Mitte des Backblechs ein offenes Gefäß mit Wasser, das verhindert, dass die Edelkastanien austrocknen.

Außer in Papiertüten begegneten mir Marroni, in sprudelndem Wasser gekocht, als Beilage zu Wildgerichten, die ich als Kind, wie alles Fleisch, rätselhafter- und aus heutiger Sicht bedauerlicherweise verschmähte. Später als Marrons Glacés, nicht in natura, aber in den Erzählungen Guy de Maupassants. Und seit jeher in Form von Vermicelles, die sich bei uns in der Schweiz merkwürdigerweise einer enormen Wertschätzung als Dessert erfreuen. Ein sandiges Mus aus in Milch gekochten, pürierten Maronen, verfeinert mit Butter, Zucker, Kirschwasser und Vanille, wird mit einer speziellen Presse durch ein Lochbrett gedrückt, sodass dünne Würmer entstehen – der Name stammt vom lateinischen *vermiculus*, was nichts anderes als Würmchen heißt. Optisch an ein Spaghettieis der Sorte Haselnuss erinnernd, dem ich den Vorzug gebe, werden Vermicelles meist mit ungesüßtem Rahm und Meringue gegessen – also mit Schlagsahne und einem Schaumgebäck aus gezuckertem Eischnee.

Die schier unendliche Fülle weiterer Verwendungsmöglichkeiten der kohlenhydratreichen, fettarmen und glutenfreien Kastanien, die verhältnismäßig wenige Kalorien, aber einen sehr hohen Vitamin-C-Gehalt haben und zudem dazu beitragen, unsere säurebetonte Ernährung zu korrigieren, wurde mir erst im Tessin bewusst. Dort lernte ich im Laufe der Jahre Kastanienbrot, Kastanienpüree und Kastanienpasta kennen, Kastanienrahmsuppe, feines Kastanienrisotto und deftigen Kastanieneintopf mit Kartoffeln und Speck, Kastanienflocken im Müesli, Kastanienhonig und einen süßen Brotaufstrich aus Kastaniencreme, Kastanientorte, Kastanienpralinen und mit Kastaniensirup beträufelte Crêpes aus Kastanienmehl. Nicht zu vergessen Kastanienbier und Kastanienlikör.

Aus der Tessiner Haute Cuisine, so hochwertig wie hochpreisig, ist die Frucht des Wunderbaums nicht mehr wegzudenken. Sternekoch Frank Oerthle etwa, Küchenchef im Luganeser Restaurant Galerie Arté al Lago und bekannt für seine spektakulären Kreationen aus Fisch und Meeresfrüchten, erzählte mir, wie gern er Kastanienmehl verarbeite, zum Beispiel zu Cavatelli, einer traditionellen Pastasorte. Eigentlich selbstverständlich, finde ich, schließlich sollte der Name des Grand Hotel Villa Castagnola, zu der der mit Kunstwerken geschmückte Fresstempel gehört, kulinarische Verpflichtung sein. Tatsächlich leitet er sich von den zahllosen Kastanienbäumen in der Gegend ab, und so warnen Schilder auf dem Hotelparkplatz die Besitzer der Bentleys, Ferraris und Maseratis vor herabfallenden Früchten.

Was heute als Delikatesse gehandelt wird, galt früher als das Armeleuteessen schlechthin. Bevor Mais und Kartoffeln sie ablösten, stellten Kastanien – neben Getreidearten wie Gerste, Roggen, Hafer und Hirse – das wichtigste Grundnahrungsmittel der ländlichen Bevölkerung dar. Ihr Mehl wurde zum Brotbacken verwendet oder mit Milch und Polenta zu einem Brei gemischt, der den Herbst und Winter über als Frühstück, Mittag- und Abendessen diente. Noch heute sieht man in vielen Dörfern, zum Beispiel in der Valle di Muggio, der Val Colla oder der Val Verzasca, die traditionellen steinernen Dörrhäuser, *grà* genannt. In ihnen wurden die Maronen drei Wochen lang auf Gestellen über einem Feuer getrocknet, dessen Rauch nicht etwa durch einen Kamin, sondern durch Ritzen im Steindach entwich. Danach schlug man Schale und Innenhaut weg und kochte oder mahlte die getrockneten Früchte.

Der Tessiner »Brotbaum« bot indes noch weit mehr als Nahrung und stand im Mittelpunkt der bäuerlichen Selbstversorgung – weshalb er im Dialekt auch schlicht *arbur*, Baum, genannt wird, schließlich war er jahrhundertelang *der* multifunktionale Baum schlechthin. Die Blätter wurden an die Ziegen verfüttert, in Bettsäcke gestopft, welche Matratzen ersetzten, zum Färben von Stoffen oder als Heilmittel gegen Husten und Durchfall verwendet. Das Herbstlaub diente als Strohersatz für den Viehstall, die Schalen benutzte man als Brennstoff, die Rinde mit ihrem hohen Tanningehalt zum Gerben. Aus einjährigen Trieben fertigte man Tragekörbe, aus dem witterungsbeständigen Holz Dachbalken, Fensterrahmen, Türen und Schränke. Zudem wurde dieser begehrte Rohstoff auf dem Wasserweg über den Lago Maggiore in die Lombardei und ins Piemont exportiert.

Die ursprüngliche Heimat der Edelkastanie liegt in Kleinasien, von wo diese im 5. Jahrhundert vor Christi Geburt nach Griechenland gelangte, schließlich im ganzen Mittelmeerraum Verbreitung fand und von den Römern zusammen mit dem Wein ins Tessin gebracht wurde. Bis ein Baum zum ersten Mal Früchte trägt, vergehen 10 bis 15 Jahre, erst nach Jahrzehnten liefert er den vollen Ertrag – Grund zur Eile hat er keinen, schließlich kann er mehr als ein halbes Jahrtausend alt werden. Zu Beginn des 19. Jahrhunderts pflegte man im Tessin Selven, also Kastanienhaine, auf fast 10 000 Hektar; der Bedarf war groß, pro Kopf ein Baum, lautete die Faustregel. Die meisten von ihnen wurden spätestens seit dem Zweiten Weltkrieg nicht mehr gepflegt und verwilderten, zudem hatte ein aggressiver Pilz die Bäume befallen und zum Kastanienrindenkrebs geführt. 2007 gelangte die kleine chinesische Gallwespe ins Tessin, die ihre Eier in die frisch gebildeten Knospen legt. Schlüpfen die Larven, lösen sie Wucherungen des Pflanzengewebes aus, sogenannte Gallen, die das Bilden von Blättern, Blüten und neuen Ästen verhindern. Glücklicherweise breitete sich 2013 ein Gegenspieler aus, ebenfalls eine kleine chinesische Wespe, die ihre Eier in die jungen Gallen der anderen Wespenart ablegt; die Larve tötet dann den ursprünglichen Gallbewohner ab.

Noch immer ist jeder fünfte Baum im Südkanton eine Edelkastanie (im Norden der Schweiz ist es gerade mal einer von hundert), und dank einer kleinen Kastanienrenaissance in den letzten Jahren existieren heute wieder rund 250 gepflegte Selven. Vor allem im Malcantone, der hügeligen Region zwischen Lago Maggiore und Luganersee, sind die Böden im Oktober und November mit Stachelhüllen übersät. In Alto Malcantone, nordwestlich von Lugano, lädt ein elf Kilometer langer Themenrundweg dazu ein, Wissenswertes über die Bedeutung der Kastanie, ihren Anbau und die Verarbeitungsprozesse zu erfahren. Der *Sentiero del castagno* ist eine der Premiumrouten der Smartphoneapp »HikeTicino«, mit der man jederzeit die wichtigsten Informationen zu über hundert Wanderwegen im Tessin abrufen kann. Startpunkt der Tour ist das – auch für Wandermuffel empfehlenswerte – Grotto Sgambada in Arosio, dem höchsten Dorf des Malcantone auf 859 Metern.

Suchen Sie den zwei Hektar großen Parco del Castagno in Ponte Capriasca, acht Kilometer nördlich von Lugano, auf, sollten Sie unbedingt auch die kleine Pfarrkirche Sant'Ambrogio mit einer geheimnisumwobenen Kopie des berühmten »Letzten Abendmahls« von Leonardo da Vinci besichtigen, um 1547 angefertigt von einem seiner Schüler, so vermutet man. Anders als sein Meister in Mailand hat dieser den Figuren Namen beigefügt, und so können Sie unterhalb jener Gestalt mit den zarten Gesichtszügen und dem langem Wallehaar, die zur Rechten Christi sitzt, »S. Iohanes« lesen. Dan Brown stellt in seinem Roman »Sakrileg« angesichts des Originalfreskos die Behauptung auf, es handle sich um Maria Magdalena, die Jesu Frau gewesen sei, lässt aber die Frage offen, wo dann der Jünger Johannes sei. Wein holen? Sant'Ambrogio scheint der Bestsellerautor jedenfalls nicht besucht zu haben, was, wie grundsätzlich jede Vorüberfahrt am Tessin, äußerst bedauerlich ist.

Sind Sie aber erst einmal dort, werden Sie noch unzählige weitere Gelegenheiten finden, unter Kastanienbäumen zu spazieren. Zum Beispiel auf den Hügeln oberhalb von Biasca am Eingang zum Bleniotal oder im Muggiotal im Mendrisiotto, auf dem in rund zwei Stunden zurückzulegenden Kastanienlehrpfad *Sentée da l'Albur* – wohlgemerkt mit großgeschriebenem A, obschon man Hauptwörter im Italienischen kleinschreibt. Nur bei der Kastanie, dem beinahe kultisch verehrten Baum schlechthin, macht man eine Ausnahme.

Jeweils im Oktober lässt man die stachelige Frucht auf einem eigenen Fest hochleben, der *Castagnata*, etwa in Arcegno, Ascona, Brione sopra Minusio, Cugnasco, Indemini, Intragna, Ronco sopra Ascona oder Sonogno. In der Valle di Muggio, dem südlichsten Tal der Schweiz, findet die *Sagra della castagna* alljährlich in einem anderen Dorf statt. Darüber hinaus informiert das MEVM, das Museo

Etnografico della Valle di Muggio in Cabbio, von Anfang April bis Ende Oktober über die Tradition des Tessiner Lebensbaums. Familien, die kein eigenes Land besaßen, so habe ich dort gelernt, erhielten von der Dorfgemeinschaft zur Sicherung der Nahrungsmittelversorgung das *jus plantandi*, das Recht, Kastanien- und Walnussbäume auf öffentlichem Grund zu pflanzen und zu pflegen, deren Früchte, Laub und Holz zu nutzen. Im Gegenzug waren sie verpflichtet, der Gemeinde eine jährliche Gebühr zu entrichten.

So dürfen traditionell in gepflegten Selven die nahrhaften Früchte der mit Buchstaben oder Nummern markierten und damit einzelnen Besitzern zugeschriebenen Bäume erst nach dem Ernteende am Martinstag, dem 11. November, auch von anderen aufgesammelt werden. Auf Wanderwegen ist das Sammeln von Marroni meist gestattet, sofern keine Schilder explizit auf ein Verbot hinweisen, doch am besten erkundigen Sie sich vorab bei der Gemeinde nach der örtlichen Situation. Am einfachsten ist es, wenn Sie auf den von den Tourismusbüros geförderten Kastanienlehrpfaden unterwegs sind. Auch wenn diese durch Selven führen, hat grundsätzlich niemand etwas dagegen, dass Sie rechts und links des Weges ein paar Marroni auflesen. Am besten schmeckt übrigens die dickste der meist drei Früchte in der Schale …

Mächtige und Gläubige

Zwar sind die Zeiten, als sich geistreiche Großmeister der Schimpfkunst wie Herbert Wehner und Franz Josef Strauß fetzten, längst vorüber, doch nach wie vor geht es im Deutschen Bundestag, verglichen mit dem Berner Bundeshaus, hoch her. Obschon auch in der Schweiz der einst freundliche und konziliante Umgangston ruppiger geworden ist, man vor Diffamierungen Andersdenkender nicht mehr zurückschreckt, Wahlkämpfe aggressiver geführt werden und Abstimmungsplakate stärker polarisieren. Die Konkordanzdemokratie – sieben gleichberechtigte Bundesräte gehören gemäß der »Zauberformel« den Parteien SP, SVP, CVP und FDP an – gilt noch immer als politisches Idyll, in dem man die unterschiedlichen Ziele und Interessen sorgfältig ausbalanciert und konsensorientiert nach Kompromissen sucht. Das garantiert, so weiß man, Stabilität, Kontinuität und damit Erfolg. Und meistens gähnende Langeweile.

Anders im Tessin. Spannender ist Schweizer Politik nirgends. Der mittlerweile verstorbene Giuliano Bignasca zum Beispiel, der selbst ernannte Führer auf Lebenszeit der 1991 gegründeten rechtspopulistischen Protestpartei Lega dei Ticinesi, nahm nach einer gewonnenen Wahl 2007 sein Sturmgewehr zur Hand und schoss von einem Balkon an der Via Monte Boglia Salven in den Luganeser Abendhimmel, wofür er eine läppische Buße in Höhe von fünfzig Franken wegen öffentlicher Ruhestörung bezahlen musste. Bereits zuvor war *il nano*, der Zwerg, wie man den kleinen, voluminösen Politiker nannte, immer wieder in die Schlagzeilen geraten, nicht nur wegen zweifelhafter Geschäftspraktiken als Bauunternehmer. Zeitweise Besitzer eines Stundenhotels, setzte der Prototyp des hemdsärmeligen Emporkömmlings 1995 das damals 19-jährige Pornosternchen Sandy Balestra auf die Großratsliste der Lega (1998 wurde »Porno-Sandy« wegen leichterer Drogendelikte zu einer bedingten Gefängnisstrafe verurteilt und trat daraufhin zurück). 1998 empfahl er einem Vertreter der Volcker-Kommission, der auf der Suche nach nachrichtenlosen Vermögen von Holocaust-Opfern die Tessiner Kantonalbank aufgesucht hatte, für seine nächsten Ferien das »Hotel Buchenwald in Dachau, das von einem sympathischen Herrn mit Schnäuzlein geführt wird«. 2006 stellte er im Lega-Kampfblatt *Il Mattino della Domenica* seinen Lesern eine Prämie von 1500 Franken für das Entfernen von Radaranlagen in Aussicht – das Bezirksgericht Bellinzona verhängte dafür eine Buße von 6000 Franken zuzüglich der Gerichts- und Justizkosten, ersatzweise eine sechzigtägige Freiheitsstrafe. Schon zuvor war Bignasca wiederholt verurteilt worden, unter anderem wegen Kaufs und Konsums von Kokain, Verleumdung, Verletzung der Anti-Rassismus-Norm, Betrugs und

Urkundenfälschung; 1994 hatte er eine 24-tägige Haftstrafe verbüßt.

So etwas erwartet der nicht ganz zu Unrecht des Biedersinns bezichtigte Deutschschweizer allenfalls von Politikern in Palermo, auf dem Balkan oder am Hindukusch, aber nicht im eigenen Land. Obgleich er seit Langem weiß, dass sein liebster Ferienkanton auf undurchschaubare Weise von mächtigen, sich aufs Blut bekämpfenden Familienclans beherrscht wird, dass Entscheidungsträger dort gerne mal ein Auge zudrücken und dafür die Hand aufhalten, dass jeder auf irgendeine Weise mit jedem verbandelt ist und folglich Mauscheleien an der Tagesordnung sind. Wobei die Justiz da keine Ausnahme darstellt und bestimmte Medien sich angesichts dubioser Machenschaften mal in diskreter Zurückhaltung üben, als herrschte die Omertà, das ungeschriebene Schweigegebot der Mafia, und in anderen Fällen mit ihrer polternden Polemik die schweizerische Tugend des Maßhaltens missachten und den politischen Gegner stammtischvulgär verhöhnen.

Als Ende des 20. Jahrhunderts kein Jahr ohne einschlägige Skandale verging, schien das Tessin geradezu im Klischee von der mafiösen Sonnenstube zu ersticken. Zumindest in der Schweiz erinnert man sich bis heute an eine Politaffäre namens »Ticinogate«: Der international berüchtigte italienische Zigarettenschmuggler Gerardo Cuomo erhielt trotz seines kriminellen Hintergrunds eine Aufenthaltsbewilligung im Tessin, abgesegnet von Franco Verda, dem Präsidenten des Tessiner Strafgerichts, der dann auf Cuomos Jacht gesehen wurde – in Begleitung seiner Ehefrau Désirée Rinaldi, der Anwältin des Schmugglers. Die Kantonsregierung setzte daraufhin einen Sonderstaatsanwalt ein, Luciano Giudici, den Büropartner des Präsidenten der Tessiner FDP und Anwalt der Stiftung der Luganeser Herzklinik Cardiocentro Ticino, die kurz zuvor in Bedrängnis geraten war: Der deutsche Bäderkönig und Steuerflüchtling Eduard Zwick hatte ihr einige Millionen hinterlassen, ihr Direktor es allerdings versäumt, das Parlament davon zu unterrichten, sondern erhebliche Subventionen beansprucht. Präsident des Stiftungsrats war Giorgio Giudici gewesen, Stadtpräsident von Lugano und als Stiftungsrat der Hochschule wiederum für ebenso zweifelhafte wie lukrative Bauaufträge an Lega-Boss Bignasca verantwortlich, der mit diesen seine Steuerschulden bei der Stadt abarbeiten durfte. Viele Tessiner fragten sich, ob es genüge, die Steuern nicht zu bezahlen, um einen öffentlichen Auftrag zu erhalten … Wie sagt man? *Ci conosciamo tutti*. Wir kennen uns alle.

Nun steckt in jedem Klischee ein Stück Wahrheit, denn sonst wär's ja keines, doch bei differenzierterer Betrachtung sollte man die vorsichtige Formulierung bevorzugen, im Tessin hätten sich spezifische Machtstrukturen herausgebildet. Und zudem einräumen, dass sich diese schon seit etlichen Jahren im Wandel befinden. Mittlerweile fühlen sich Regierungsmitglieder wie Chefbeamte ihren Parteien weniger verpflichtet, und Qualifikationen sind in der Regel bei der Personalauswahl entscheidender als gute Beziehungen. Wohlgemerkt: in der Regel.

Viele Jahrzehnte lang drehte sich im Tessin alles um die Familie, beinahe wie bei den kalabresischen 'Ndrangheta-Clans, die mit Drogenhandel, Geldwäscherei und Erpressung jährlich rund fünfzig Milliarden Euro umsetzen und auch in der Südschweiz mithilfe skrupelloser Treuhänder Gelder durch Immobiliendeals waschen oder in Handels- und Dienstleistungsgesellschaften investieren. Im Tessin bedeutete die Zugehörigkeit zu einer bestimmten Familie nicht zwangsläufig eine kriminelle Karriere, bestimmte jedoch das Parteibuch, das jedes Neugeborene quasi mit dem Geburtsschein erhielt und das für das spätere berufliche Vorankommen unabdingbar war. Lokalpolitiker öffneten dank des Beziehungsnetzes ihrer Partei die erforderlichen Türen, vermittelten eine Lehrstelle für den Neffen oder einen Arbeitsplatz für den Schwager, stellten die Weichen, damit lukrative Aufträge befreundeten Unternehmern zugeschanzt oder Staatsposten an Parteifreunde vergeben wurden. Bestechungsähnliche »Belohnungen« waren an der Tagesordnung. Ohne Parteibuch, den richtigen Familiennamen oder ausreichende finanzielle Mittel trat man gesellschaftlich schnell ins Leere.

Der zweifelhafte Erfolg der heimatverbundenen, antieuropäischen Lega war in ihren Anfängen auch jenen speziellen Machtverhältnissen geschuldet. Selbsterklärtes Ziel war es, gegen die Klientelpolitik im Tessin und gegen die Macht und Machenschaften der traditionellen Regierungsparteien FDP und CVP, beides Volksparteien mit einem breiten Meinungsspektrum, vorzugehen, und so zog man Protestwähler an, die ihre Unzufriedenheit zum Ausdruck bringen wollten.

Im 19. Jahrhundert hatten Manipulationen, Einschüchterungen und Korruption zur Tagesordnung in den erbitterten Machtkämpfen zwischen den Liberal-Radikalen, der heutigen Freisinnig-Demokratischen Partei (FDP) beziehungsweise dem Partito liberale radicale svizzero (PLR), und den

Katholisch-Konservativen, der heutigen Christlichdemokratischen Volkspartei der Schweiz (CVP) beziehungsweise dem Partito popolare democratico svizzero (PPD), gehört, die schließlich in Aufstände und blutige Auseinandersetzungen gemündet hatten. Nach einem Putsch der Liberalen im Jahr 1890 hatte der Bundesrat der Gewalt ein Ende gesetzt, dem Tessin Proporzwahlen verordnet und so die verfeindeten Lager dazu gezwungen, den Kanton gemeinsam zu regieren. 1927, vier Jahre nachdem die Sozialdemokratische Partei der Schweiz (SP) beziehungsweise der Partito socialista svizzero (PS) erstmals einen Sitz im Staatsrat, wie sich die Regierung nennt, erobert hatte, war eine sechzig Jahre lang unverändert gebliebene Zauberformel entstanden: Den Consiglio di Stato hatten stets zwei Freisinnige, zwei Christdemokraten und ein Sozialdemokrat gebildet. 1987 hatte der 1969 aus einer Abspaltung der Sozialdemokraten hervorgegangene Partito socialista autonomo (PSA) einen Sitz auf Kosten der CVP gewonnen. Damit hatte im Parlament – die gesetzgebende Gewalt wird im Tessin von einem direkt vom Volk gewählten Großen Rat ausgeübt – vollends eine oppositionelle Kraft gefehlt, die Debatten waren träge dahingeflossen. In der Bevölkerung hatte sich die Kritik am Konkordanzsystem zugespitzt, und das Unbehagen über das Treiben der Politiker war gewachsen, zumal die Parteien zumindest in den Augen all jener, die sich als benachteiligt empfunden hatten, Ämter, Einfluss und berufliche Chancen fein säuberlich unter sich aufgeteilt hatten. 1995 konnte die Lega der CVP, 2011 dem Freisinn einen Regierungssitz entreißen. Seither stellt sie zwei von fünf Staatsräten, also die relative Mehrheit.

Nach wie vor fühlt sich im Tessin der Großteil der Bevölkerung einer Partei zugehörig, und das zumeist in alter Familientradition. Was für Wähler im Allgemeinen gilt, trifft im Besonderen auf aktive Politiker zu, familiäre Bande hielten und halten das politische Netz zusammen, Clans bestimmten und bestimmen das Geschehen über Generationen, und häufiger als in anderen Kantonen treten Tessiner beruflich in die Fußstapfen der Väter – auch in der Politik. Wobei Artikel 20 der Kantonsverfassung bis 1970 ausdrücklich verhinderte, dass eine Familie die Exekutive oder die Judikative dominierte: »Es können nicht gleichzeitig im Staatsrat oder dem gleichen Gerichte sitzen: Verwandte in aufsteigender Linie, Brüder, Onkel und blutsverwandter Neffe, Schwiegervater und Schwiegersohn, leibliche Vettern und Schwäger.« Notabene: Von Schwestern, Tanten und Nichten war damals keine Rede …

Der Anwalt Fulvio Pelli, einst Präsident der FDP, 1995 bis 2014 Nationalrat, ist ein Sohn von Ferruccio Pelli, der als Bürgermeister 16 Jahre lang Lugano regierte. Seine Großmutter mütterlicherseits, eine Vorkämpferin des Frauenstimmrechts (1969 gestand das Tessin als fünfter Schweizer Kanton den Frauen das Wahlrecht zu; in Neuenburg geschah das schon 1959, in Appenzell Innerrhoden erst 1990), war 1973 mit immerhin 77 Jahren als erste Frau in den Großen Rat gewählt worden. Unter anderem präsidierte Fulvio Pelli 2001 bis 2005 den Verwaltungsrat der Tessiner Straßenbaufirma Costra S. A., die kurz darauf in einen aufsehenerregenden Kartellskandal verwickelt war: Siebzehn der achtzehn im Tessin domizilierten Straßenbauer hatten eine *convenzione* unterzeichnet, deren Zweck eine Preisabsprache war – mit der Folge, dass Aufträge zwanzig bis dreißig Prozent zu teuer ausgeführt wurden, man errechnete eine Betrugssumme von rund 56 Millionen Franken zulasten der Steuerzahler.

Als Rivalen der Pellis galten die Masonis. Der prominente Wirtschaftsanwalt Franco Masoni saß für die FDP 1967 bis 1975 im Nationalrat und 1975 bis 1979 sowie 1983 bis 1991 im Ständerat, seine Tochter, die Juristin Marina Masoni, wurde 1987, noch nicht 29-jährig, ins Parlament gewählt und 1995 die erste Frau in der Kantonsregierung. In verschiedene Affären verstrickt, verschwand sie 2007, nicht wiedergewählt, vom politischen Parkett; heute sitzt sie in verschiedenen Stiftungs- und Verwaltungsräten.

Aber natürlich gibt es auch in anderen Parteien Politdynastien, etwa in der CVP: Bevor der Anwalt Flavio Cotti 1975 bis 1983 als Staats-, 1983 bis 1986 als National- und 1986 bis 1999 schließlich als Bundesrat amtete, war er Sozius seines Cousins Gabriele Pedrazzini – der Familie Pedrazzini gehören unter anderem Luigi Pedrazzini, 1999 bis 2011 Mitglied des Tessiner Staatsrats, und sein Vater, der ehemalige Nationalrat Gian Battista Pedrazzini, an. Oder in der SP: Marina Carobbio Guscetti, seit 2007 Mitglied des Nationalrats, 2018/19 dessen Präsidentin, ist die Tochter des linken Urgesteins Werner Carobbio, der 1975 bis 1999 im Nationalrat saß, zunächst für den Partito Socialista Unitario (PSU), später für die SP. Attilio Bignasca, der Bruder des Lega-Gründers Giuliano Bignasca, gehörte 2003 bis 2009 dem Nationalrat an, zuvor war er Präsident des Tessiner Großen Rates gewesen, in den wiederum 2007 Giulianos Sohn Boris einzog. Und so weiter und so weiter.

Fast alle von ihnen waren oder sind als Anwälte und Notare tätig. Zwar geben auch in Deutschland 16 Prozent des Bundestagsplenums an, bis zur Kandidatur einen juristischen Beruf ausgeübt zu haben. Doch im Tessin ist der politische Einfluss der *avvocati* mindestens so groß wie ihr Einfallsreichtum, wenn es um die eigenen Vorteile geht, ganz nach Heinrich Heine, der erklärte, Advokaten seien »die Bratenwender der Gesetze, die so lange die Gesetze wenden und anwenden, bis ein Braten für sie abfällt«. Vor allem in den Zeiten des Baubooms verdienten viele Notare an Liegenschaftsverkäufen ein Vermögen, denn sie wurden nicht nach Aufwand bezahlt, sondern nach dem Wert des Objekts. Und bis heute ist die Dichte im Tessin enorm: 2018 waren 828 *avvocati* in der kantonalen Anwaltskammer registriert, was einem Anwalt pro 427 Einwohnern entspricht.

Das Tessin gilt indes nicht nur als Dorado für Anwälte, sondern auch als das Medienmekka der Schweiz. Nirgendwo sonst herrscht eine vergleichbare Vielfalt auf so kleinem Raum. Zwar hat sich 2018 mit der Einstellung des an katholischen Werten orientierten, mehrheitlich vom Bistum Lugano gehaltenen *Giornale del Popolo* die Zahl der bezahlten Tageszeitungen von drei auf zwei reduziert, doch ist das für eine Region mit 350 000 Einwohnern noch immer außergewöhnlich. Der Überlebenskampf im Blätterwald wurde durch den markanten Rückgang der Printwerbung härter, die Leserzahlen hingegen sind im Gegensatz zur Deutschschweiz nur leicht zurückgegangen. Marktführer ist der 1891 gegründete rechtsfreisinnige *Corriere del Ticino*, sein gut ein Jahrhundert jüngerer linksliberaler Konkurrent heißt *La Regione*, wobei beide Zeitungen ihre traditionelle Funktion als Parteiblätter längst verloren haben und sich als politisch unabhängig bezeichnen, in ihrer politischen Grundausrichtung aber nach wie vor unterscheiden.

Dazu kommen unter anderem das werktägliche Gratisblatt *20 minuti*, das seit 2011 erscheint, und die kostenlosen Sonntagszeitungen *Il caffè* und *Il Mattino della Domenica*, Letzterer wurde 1990 von Bignasca zusammen mit dem Journalisten und Kabarettisten Flavio Maspoli lanciert und gilt als Kampfblatt der Lega. Ferner die Gratiszeitungen *Cooperazione* und *Azione* der Detailhändler Coop und Migros sowie etliche Online-Newsportale wie *TicinOnline* oder *Ticinonews*. Und nicht zuletzt ein interessantes Nischenprodukt: die kleine *Tessiner Zeitung*, die als Bezahlwochenzeitung die deutschsprachige Community versorgt, aber auch von Touristen wie mir gern gelesen wird. 1908 erstmals erschienen und 1921 als *Südschweiz* neu herausgebracht, erhielt sie 1987 wieder ihren ursprünglichen Namen. Verleger Giò Rezzonico sieht das jeden Freitag an Abonnenten und Kioske ausgelieferte Blatt als Brückenbauer zwischen Nord- und Südschweiz. Nicht zuletzt bietet die *TZ* neben stark regionaler Berichterstattung einen ausführlichen Veranstaltungskalender mit vertiefenden Informationen, zudem betreuen ihre Redakteure das finanziell von den Tourismusbüros unterstützte deutschsprachige Internetportal *Ticino Weekend* mit Freizeittipps und Restaurantempfehlungen.

Richtet man den Blick auf Funk und Fernsehen, erweitert sich das Panorama deutlich. Die Radiotelevisione Svizzera (RSI) mit Sitz in Lugano, eine Unternehmenseinheit der Schweizerischen Radio- und Fernsehgesellschaft, der Società svizzera di radiotelevisione (SRG/SSR), beschäftigte 2018 mit einem Budget von mehr als 239,2 Millionen

Franken 1155 Personen. Sie betreibt die zwei Fernsehkanäle La 1 und La 2 (die TV-Studios befinden sich seit 1976 in der Gemeinde Comano) sowie die drei Hörfunksender Rete Uno, das meistgehörte Radioprogramm der italienischsprachigen Schweiz, Rete Due, das sich kulturellen Themen widmet und dessen musikalischer Schwerpunkt im Bereich der Klassik und des Jazz liegt, und Rete Tre, ausgerichtet auf jüngere Hörer. Neben der RSI partizipieren am Gebührenaufkommen auch das konzessionierte Regionalfernsehen teleticino mit Sitz in Melide und der in Mendrisio basierte private Radiosender radio3i, die beide zur *Corriere-del-Ticino*-Gruppe gehören, sowie Radio Fiume Ticino mit Sitz in Locarno.

2018 mussten die Schweizerinnen und Schweizer in einer Volksabstimmung über die »No Billag«-Initiative entscheiden, die eine Abschaffung der Rundfunkgebühren forderte. Im Tessin engagierten sich deren Befürworter, darunter die Lega und die SVP, besonders heftig, obschon man dort im Hinblick auf Programmleistungen und Arbeitsplätze nachhaltig vom öffentlichen Rundfunk profitiert. Die RSI wurde als linker Staatssender gebrandmarkt, der nicht im Interesse der Bevölkerung arbeite, aufgebläht sei und arrogant, das Gebührensystem sei eine von den Deutschschweizern dem armen Südkanton aufgezwungene zusätzliche Fron. Lange lagen Gegner und Befürworter von »No Billag« in den Umfragen gleichauf, doch letztlich lehnten in einem kurzen Aufflackern echter Erkenntnis überraschende 65,5 Prozent der Tessiner Stimmbürger die Initiative ab; schweizweit waren es 71,6 Prozent. So gilt auch weiterhin, dass keine andere Region pro Kopf so stark von den Radio- und Fernsehgebühren profitiert wie die italienischsprachige Schweiz. Sie stellt gerade mal 4,5 Prozent der Schweizer Gesamtbevölkerung, doch erhält die RSI 20,5 Prozent aus dem Gebührentopf. Natürlich zappen viele Tessinerinnen und Tessiner auch durch italienische Trashprogramme, die ihr Publikum mit der Ästhetik von Kindergeburtstagen intellektuell unterfordern, doch die Einschaltquoten der seriöseren heimischen Sender beeindrucken – Letztere stoßen übrigens auch in der Lombardei und im Piemont nicht nur wegen der präziseren Wettervorhersagen auf großes Interesse.

Die Macht der Tessiner Medien ist nicht zu unterschätzen, der Erfolg der Rechtspopulisten etwa ist zu einem beträchtlichen Teil der Stammtischrhetorik des von vielen Exponenten des politischen und gesellschaftlichen Lebens gefürchteten Sonntagsblatts *Il Mattino della Domenica* zu verdanken, das nach wie vor von der Familie des Lega-Gründers Bignasca unterstützt wird.

Wobei wir wieder beim Stichwort Familie wären. Wie gesagt, die mentale Nähe zu Italien ist nicht zu leugnen, die Familienbande sind stärker und enger als im Norden, der Familiensinn ist ausgeprägter, und man verehrt *la mamma*, die sich schon früher keineswegs nur um die »drei K« Kinder, Küche, Kirche kümmerte, sondern einen Großteil der anfallenden landwirtschaftlichen Arbeiten verrichtete oder durch Heimarbeit etwas hinzuverdiente. Als Krone der Schöpfung galten jedoch die männlichen Wesen, und so wurde manche Tessinerin, die eine Tochter zur Welt brachte, nicht etwa beglückwünscht, sondern getröstet, es folge sicher bald *un maschio*, ein Bub. War das ersehnte Söhnchen auf der Welt, wurde es verhätschelt und verließ den heimeligen Herd erst in fortgeschrittenem Alter, nämlich wenn es eine eigene Familie gründete, sprich: eine Ehefrau gefunden hatte, die künftig klaglos die Rundumversorgung übernahm. Dennoch blieb *la mamma* die oberste Autorität, nicht nur, was die Rezeptur des Sonntagsbratens betrifft. Nun gut, dass es südlich des Gotthards kaum Singlehaushalte gibt, mag nicht nur dieser Mentalität geschuldet sein, sondern auch dem Immobilienmarkt – ein Viertel aller Wohnungen sind Feriendomizile.

Auch heute noch ist die Familie für die meisten Tessinerinnen und Tessiner eine lebendige Gemeinschaft, das sonntägliche Treffen von Kindern und Enkeln am üppig gedeckten Tisch der *mamma* gehört zum Standard. Aber selbstverständlich spürt man den allgemeinen gesellschaftlichen Wandel auch im Süden; mittlerweile liegt die Scheidungsrate sogar deutlich höher als in der Deutschschweiz. Dass die Tessiner laut einschlägiger Umfragen davon überzeugt sind, die sexuell Aktivsten des Landes zu sein und es gleich fünfmal häufiger als die übrige Bevölkerung zu treiben, ist freilich eine eminente Selbstüberschätzung. Mit 6,7-mal Sex pro Monat sind sie in Wahrheit die größten Sexmuffel im ganzen Land. Und so registriert das Tessin auch die niedrigste Geburtenrate der gesamten Eidgenossenschaft.

Die Maturitätsquote der Frauen übertrifft längst jene der Männer, viele sind hoch qualifiziert. Und doch liegt ihr Anteil an den Erwerbstätigen, insbesondere bei Müttern, unter dem Schweizer Durchschnitt, und gezielte Frauenfördermaßnahmen stoßen auf größeren Widerstand als anderswo. Auch im Tessin, dessen Lohnniveau das tiefste der gesamten Schweiz ist, verdienen Frauen nach wie vor weniger als die Herren der Schöpfung. Vor allem in höheren Positionen, wo Männer stattliche 18,5 Prozent mehr erhalten als Mitarbeiterinnen auf der gleichen Hierarchiestufe. Dennoch spielt bei jüngeren Tessinerinnen ein viertes »K« für Karriere eine mindestens ebenso wichtige Rolle wie die althergebrachten drei.

Vor allem die Kirche, womit selbstredend die römisch-katholische gemeint ist, hat an Einfluss verloren, obgleich ihr noch immer zwei Drittel der Tessiner Bevölkerung angehören. Seit Ende des 9. Jahrhunderts zählten die drei Täler Leventina, Blenio und Riviera, die Pieve Capriasca und die Pfarrei Brissago zur Diözese Mailand, der Rest des heutigen Tessins unterstand der angrenzenden Diözese Como. Die Bischöfe besaßen Jagd-, Fischerei- und Mahlrechte, durften Steuern und Zölle erheben und verfügten insbesondere im Mendrisiotto, in den Gebieten von Lugano und Bellinzona über ausgedehnten Zehnt- und Grundbesitz. Die Reformation konnte Mitte des 16. Jahrhunderts nur in Locarno wirklich Fuß fassen, 1547 entstand dort eine eigenständige evangelische Gemeinde. Bereits 1555 mussten die Reformierten Locarnos jedoch ihren neuen Glauben aufgeben oder die Stadt verlassen, 170 von ihnen fanden Aufnahme in Zürich. 1850 hingen von den 117 759 Einwohnern des Tessins 117 707 der allein seligmachenden katholischen Kirche an, fünfzig waren reformierten und gerade mal zwei jüdischen Glaubens. Erst nach der Eröffnung der Gotthardbahn 1882 kamen vermehrt Protestanten ins Tessin.

Die Aufwertung zum vollwertigen Schweizer Kanton 1803 hatte zunächst keine Auswirkungen auf die kirchliche

Organisation. 1848 hob der Staat aufgrund des Staatskirchenrechts die meisten Klöster auf und zog deren Güter ein, ab 1852 rückten öffentliche Sekundarschulen und Gymnasien an die Stelle der kirchlichen Schulen; so wurde auch das berühmte, 1584 gegründete Collegio Papio in Ascona säkularisiert, aber 1879 seiner ursprünglichen Bestimmung zurückgegeben, heute ist es als Einrichtung des Bistums Internat wie Tagesschule. 1855 unterstellte eine »Legge civile ecclesiastica« die Verwaltung der Pfarreien der Überwachung der Regierung, man führte die obligatorische Ziviltrauung und staatliche Zivilstandsregister ein. 1859 untersagte der Schweizer Bundesrat jegliche Gerichtsbarkeit ausländischer Bischöfe auf eidgenössischem Gebiet und unterband damit den Einfluss der Bischöfe von Como und Mailand. Mit der Bundesverfassung von 1874, die allen Glaubensgemeinschaften die Kultusfreiheit garantierte (eine Folge des wegen des Unfehlbarkeitsdogmas ausgebrochenen »Kulturkampfs« zwischen den Befürwortern eines modernen Staats und der weltanschaulich rückwärtsgewandten katholischen Kirche und unmittelbare Reaktion auf einen Konflikt zwischen dem Bundesrat und dem Papst), wurde die in Artikel 1 der 1830 in Kraft getretenen Verfassung von Republik und Kanton Tessin festgeschriebene Bestimmung der »apostolischen römisch-katholischen Religion« als Staatsreligion hinfällig, aus der Kantonsverfassung aber erst 1975 gestrichen. Gemäß der Schweizer Bundesverfassung sind die Kantone für die Regelung des Verhältnisses zwischen Staat und Kirche zuständig.

1884 wurde ein Vertrag zwischen dem Heiligen Stuhl, der Eidgenossenschaft und dem Kanton Tessin geschlossen, der die Tessiner Pfarreien von den lombardischen Diözesen abtrennte und 1885 dem apostolischen Administrator Eugène Lachat anvertraute. De facto entstand ein Bistum Lugano, obgleich man diese Nomenklatur tunlichst vermied, da die eidgenössischen Gesetze die Gründung neuer Diözesen untersagten. 1888 kam man überein, den Titel des Bischofs von Basel mit demjenigen eines Bischofs von Lugano zu verbinden. San Lorenzo, 818 erstmals als Pfarrkirche erwähnt und seit 1078 Kollegiatstiftskirche, stieg zur Kathedrale auf. Doch erst 1971 wurde die Apostolische Administratur des Kantons Tessin kanonisch vom Basler Bistum losgelöst und auch dem Namen nach die direkt dem Heiligen Stuhl unterstellte Diözese Lugano geschaffen.

Eingeteilt ist sie in sechs Vikariate: Luganese, Malcantone-Vedeggio, Mendrisiotto, Locarnese, Bellinzonese und Tre Valli, die drei ambrosianischen Täler. Deren besondere Identität ist auch nach der Integration in die Diözese Lugano im Bewusstsein der Bevölkerung lebendig geblieben. Bis heute wird mancherorts der ambrosianische Ritus verwendet, der sich in wesentlichen Punkten vom römischen unterscheidet, etwa in den liturgischen Farben und im Ablauf der Messe. Bei der Taufe wird der Kopf nicht nur mit Wasser besprengt, sondern ganz untergetaucht. Auch beginnt die Adventszeit bereits am ersten Sonntag nach dem 11. November, dem Martinstag – es brennen also nicht nur erst ein, dann zwei, dann drei, dann vier Lichtlein, bis das Christkind vor der Tür steht, sondern sechs. Bildlich gesprochen; Adventskränze gehören erst seit wenigen Jahrzehnten zu den vorweihnachtlichen Bräuchen im Tessin. Auch Christbäume tauchten erst zu Beginn des 20. Jahrhunderts in den Bürgerhäusern auf. Angeblich war es der Monte-Verità-Mitbegründer Karl Gräser, der zu Weihnachten 1901 als Erster eine Tanne mit Äpfeln, Orangen, Schokolade und Papiersternen schmückte, zum Erstaunen der Asconeser Kinder. Typisch waren und sind hingegen die Krippen, die in der Adventszeit in den Kirchen aufgebaut werden.

Jedenfalls feiert man sechs Adventssonntage. Wobei das Wort »Feier« mangels vertiefter Kenntnisse zu Missverständnissen führen könnte. Bis Mitte des 20. Jahrhunderts war der Advent im Tessin eine Zeit der Buße. Feste, Tanz und andere Vergnügungen waren verpönt, es wurden keine Ehen geschlossen, keine Geschenke gemacht, ja nicht einmal Glückwunschkarten verschickt. Die Weihnachtszeit endet dann erst nach vierzig Tagen, also am 2. Februar, mit dem Fest der Darstellung des Herrn, volkstümlich Mariä Lichtmess genannt, und nicht wie im römischen Ritus am Sonntag nach Epiphanias.

Da wiederum die Fastenzeit erst am Sonntag nach Aschermittwoch beginnt, dauert der ambrosianische Karneval bis zum Samstag nach dem sonst üblichen Faschingsende. Gemäß einer Legende bat der heilige Ambrosius, seit dem Jahr 374 Bischof von Mailand, seine Schäfchen darum, den Beginn der Fastenzeit zu verschieben, weil er sich noch auf einer Pilgertour befand. Selbstredend kamen die Mailänder diesem Ansinnen des Kirchenvaters nach, zumal die Sprache seiner Schriften und seiner Hymnen, insbesondere des ambrosianischen Lobgesangs, honigsüß war – als er ein Säugling war, sollen Bienen in seinen Mund gekrabbelt sein und ihn mit Honig genährt haben.

Gleichgültig, ob die Messe nach ambrosianischem oder nach römischem Ritus gehalten wird, die Zeiten, in denen sich die Gläubigen bemühen mussten, einen Platz auf der

Kirchenbank zu ergattern, sind vorüber; wohl die meisten Tessiner Katholiken sind »Passivmitglieder«, die vor allem den Kasualien als Rahmung lebensgeschichtlicher Übergänge Bedeutung zumessen.

Hingegen drängen sich alljährlich Tausende von Besuchern bei einer »heiligen Darbietung« volkstümlichen Charakters, nämlich wenn am Gründonnerstag die Altstadt von Mendrisio als Kulisse für ein Schauspiel mit Hühnerhautgarantie fungiert, das eindrücklichste der gesamten Schweiz: *La Funziun di Giüdee.*

Wer zufällig Zeuge der Vorbereitungen wird, mag das in Zweifel ziehen, mir kommen die kitschigen Monumentalstreifen aus Hollywood in den Sinn und »Das Leben des Brian«: »Durch die Tür hinaus, zur linken Reihe, jeder nur ein Kreuz. Der Nächste.« Doch dann wird nach Einbruch der Dämmerung die Straßenbeleuchtung ausgeschaltet. Teilweise noch aus dem 19. Jahrhundert stammende *trasparenti* – auf dünne Leinwand gemalte Bilder, montiert auf von innen beleuchtete Kästen, aufgehängt über den Straßen und an den Hauswänden – tauchen die Gassen in ein mystisches Licht. Herolde geben mit Fanfaren das Signal zum Aufbruch. Ich höre Trommeln schlagen, dann sehe ich die ersten Fackelträger. Zwei jüdische Jungen mit Hämmern und Nägeln eröffnen den Umzug. Hinter römischen Soldaten und Kriegern des Hohen Rates taucht Veronika auf, dann erscheint Jesus, der die Dornenkrone auf dem Haupt und das Kreuz auf den Schultern trägt, daneben Simon von Cyrene, gefolgt von den drei Marien, also der Muttergottes, Maria Magdalena und Maria Kleophae, zwei in Ketten gelegten Dieben, einigen Würfelspielern, dem Hohepriester Anna und seinem Schwiegersohn Kaiphas,

Pontius Pilatus und Herodes Antipas, zuletzt der Pharisäer Nikodemus und Joseph von Arimathäa – man folgt also der biblischen Darstellung nicht orthodox. Hinzu kommen frei erfundene Figuren, etwa ein rätselhafter Reiter namens Nascia, an dessen Lende ein Kind mit einem versilberten Stein in der Hand hängt.

Insgesamt sind es rund 250 Laien, davon vierzig hoch zu Ross, die die wichtigsten Stationen der Passion Christi nachspielen, ganz ohne Worte, sieht man ab von den Schmähungen, die die Juden ausstoßen, und in wertvollen Kostümen, die man 1898 der Mailänder Scala abgekauft hat – daher wird, sobald es regnet, die Veranstaltung abgesagt. Übrigens belegen Dokumente, dass es im 19. Jahrhundert nicht immer so ernsthaft zuging wie heute. So erheiterte es die Menge, dass die drei Marien von schwarz gekleideten, laut schluchzenden Männern dargestellt wurden, und auch der Brauch, dass der Junge, der den Becher hielt, Christus jedes Mal, wenn dieser hinfiel, echten Wein zu trinken gab, trug nicht unbedingt zur Feierlichkeit der Veranstaltung bei.

Die schlichtere Prozession am Karfreitag hat hingegen einen vornehmlich liturgisch-religiösen Charakter und ist noch älter als jene am Gründonnerstag, welche erstmals im 17. Jahrhundert schriftlich erwähnt wurde. Sie wird *Entierro*, Grablegung, genannt – der spanische Begriff gehört hier seit der Herrschaft der Spanier in der Lombardei zwischen dem 16. und 17. Jahrhundert zum Wortschatz – und beginnt und endet beim Convento dei Padri Serviti, dem ehemaligen Servitenkloster, das seit 1982 das Kunstmuseum von Mendrisio mit Gemälden des 20. Jahrhunderts beherbergt. Begleitet von drei Musikgesellschaften, die Trauermärsche spielen, und Kindern, die Laternen tragen, schreiten über 600 Mitglieder der verschiedenen Bruderschaften und kirchlichen Vereine durch die Straßen und präsentieren Figuren des toten Christus und der Mater Dolorosa, die das Jahr über die spätbarocke Klosterkirche San Giovanni Battista zieren und vor denen sich die Gläubigen nun verbeugen, zudem Passionsgegenstände wie Hämmer, Nägel, Geißeln, Leitern, Lanzen und Schwämme. Übrigens dürfen nicht nur Ortsansässige an den *Processioni della Settimana Santa di Mendrisio* teilnehmen, ja nicht einmal christlichen Glaubens muss man sein. Sollten Sie also Interesse haben, zögern Sie nicht …

Die Verfassung des Kantons Tessin vom 14. Dezember 1997 anerkennt in Artikel 24, Absatz 1 die apostolische römisch-katholische und die evangelisch-reformierte Kirche als öffentlich-rechtliche Körperschaften, die sich frei organisieren. Nur eine Minderheit der Kirchgemeinden macht von dem Recht Gebrauch, eine Kirchensteuer zu erheben, wobei es dem Steuerpflichtigen freisteht, diese zu entrichten. Erhält er die Mitteilung, dass er im Register eingetragen sei, kann er auf schriftlichem Weg innerhalb von dreißig Tagen die Bezahlung ablehnen. Absatz 2 sieht die Möglichkeit vor, die öffentlich-rechtliche Persönlichkeit durch Gesetz auch anderen Religionsgemeinschaften zuzuerkennen. Was bis dato aber nicht geschehen ist.

Bereits 1866 hatten die Tessiner einer Vorlage über die Gleichberechtigung der Juden mit 84,5 Prozent zugestimmt, auf Bundesebene hatten diese erst mit der revidierten Schweizer Verfassung von 1874 die rechtliche Gleichstellung erhalten. Heute leben im gesamten Kanton rund

300 Menschen jüdischen Glaubens; eine aktive Gemeinde existiert nur in Lugano. Sie zählt in ihrem Selbstverständnis zur charedischen Orthodoxie, der theologisch und sozial konservativsten Richtung innerhalb des Judentums. Der jüdische Friedhof in Lugano-Noranco wurde 1918 eröffnet und beherbergt unter anderem das Grab des 1971 verstorbenen Drehbuchautors Francis George Spencer alias Franz Schulz, dem wir Kinohits wie »Die Drei von der Tankstelle« verdanken. Mittelpunkt des religiösen Lebens ist die schlichte, 1959 eingeweihte Synagoge in der Via Carlo Maderno 11, die 2005 durch einen Anschlag beschädigt wurde – zum ersten Mal brannte in der Schweiz eine Synagoge.

Die muslimische Gemeinschaft im Tessin ist mit etwa 6000 Köpfen ebenfalls verhältnismäßig klein und bildet weder ethnisch noch kulturell eine einheitliche Gruppe. Die Mehrheit stammt aus dem ehemaligen Jugoslawien, gefolgt von Immigranten aus der Türkei, ein Großteil praktiziert den Glauben nicht aktiv. Moscheen existieren in Chiasso, Giubiasco und Lugano, wo 2002 der erste islamische Friedhof in der Südschweiz eingerichtet wurde. Auch im Tessin ist das Zusammenleben nicht frei von Ressentiments. Einerseits bezeichnete der Islamische Zentralrat Schweiz das Tessiner Verhüllungsverbot, das das Tragen von Burka oder Niqab untersagt, als »islamophob motivierte und unverhältnismäßige Einschränkung von Grundrechten«, andererseits warf die Bundesanwaltschaft drei Vorstandsmitgliedern vor, gegen das Bundesgesetz über das Verbot der Gruppierungen »al-Qaida« und »Islamischer Staat« sowie verwandter Organisationen verstoßen zu haben. Und natürlich ist auch im Tessin der öffentliche

Diskurs seit dem 11. September 2001 von Ängsten geprägt, bestärkt durch Ereignisse wie 2017 die Verurteilung eines schweizerisch-türkischen Doppelbürgers, der die Terrorgruppe »Dschabhat al-Nusra« unterstützt und von Lugano aus sogenannten *foreign fighters* geholfen hatte, ins syrisch-irakische Kriegsgebiet zu gelangen, wo sie sich der Terrormiliz »Islamischer Staat« angeschlossen hatten. Er war im Rahmen einer Antiterroraktion, bei der die Tessiner Polizei mehrere Häuser und ein islamisches Gebetshaus durchsucht hatte, festgenommen worden.

Grundsätzlich aber pflegt man im Tessin ein mediterran-gelassenes Miteinander, friedlich und tolerant. Und das gilt keineswegs nur für die verschiedenen Religionen.

Ein Exemplum? Als 2018 erstmals ein »Pride Festival« im Tessin durchgeführt wurde, das die LGBT-Community und die gesamte Bevölkerung einander näherbringen und den gegenseitigen Respekt fördern wollte, begrüßte Bundesrat Ignazio Cassis die 7000 Teilnehmer der Parade und beglückwünschte die Organisatoren für ihren Mut, die Veranstaltung im eher konservativen Kanton auf die Beine gestellt zu haben. Tatsächlich hatten sich einige Christen daran gestört und aus Protest gegen die »Pride« einen Rosenkranz beten wollen, »für die moralische Erneuerung der Schweiz«. Doch der rechtsbürgerliche Stadtpräsident Marco Borradori unterstützte die »Pride« ausdrücklich, die Stadt Lugano verweigerte die Bewilligung für diese Gegenkundgebung. Der katholische Bischof kritisierte, dass mit einem Rosenkranzgebet politische Stimmung gemacht werden solle, und zwei Minderheitengemeinden, nämlich die christkatholische und die reformierte, organisierten ein Gebet *für* die »Pride«: »Vor der Diversität darf man sich nicht verschließen, man muss sich damit auseinandersetzen.«

Ein weiteres Beispiel? »Niemand hat es gern, wenn Kinder lärmen«, erklärte der Luganeser Kinderarzt Andreas Wechsler gegenüber dem Schweizer Radio. »Aber: Im Tessin stört dies weniger.« Die Toleranz sei größer, der Leistungsdruck und das allgemeine Stressempfinden seien geringer als im Norden. So falle ein unruhiges Schulkind im Tessin nicht so schnell auf wie in der Deutschschweiz, die Schule passe sich dem Kind an statt umgekehrt. Man untersuche später auf ADHS, zudem werde diese Krankheit weit seltener diagnostiziert, starke Medikamente würden erst dann eingesetzt, wenn alle anderen Therapiemöglichkeiten versagt hätten. Entscheidend dafür sei dann auch einzig der Leidensdruck des Kindes – und nicht etwa der der genervten Eltern oder Lehrer. Tatsächlich belegt die Statistik, dass Tessiner Kinder fünfmal weniger Ritalin erhalten als ihre Altersgenossen in der Deutschschweiz. Wechslers Fazit lautete scheinbar schlicht: Im Tessin sei die Bandbreite der Normalität größer als in der Deutschschweiz.

Dass man anders tickt als die übrige Nation, mag ja in der Politik Auswirkungen haben, über die sich trefflich streiten ließe, doch ansonsten: Welch ein Segen!

Übrigens hat das Tessin die geringste Suizidrate der gesamten Schweiz – an der Statistikspitze stehen Appenzell, Basel und Bern. Und der enorme Verbrauch an Schlafmitteln liegt sicherlich an den vielen Deutschschweizern.

Die Nackten und die Roten

»Und sie waren beide nackt, der Mensch und das Weib, und schämten sich nicht«, heißt es im ersten Buch Mose, Kapitel 2, Vers 25. Weil sich Eva bekanntlich von der listigen Schlange dazu verführen ließ, eine Frucht vom lustigen Baum der Erkenntnis zu verspeisen, und Adam es ihr gleichtat, konnten die beiden fortan Gut und Böse unterscheiden. Die böse Nacktheit wurde zum Problem, die gute Modeindustrie nahm mit dem prosperierenden Vertrieb stylisher Feigenblätter ihren Anfang – und ist heute im Tessin der wichtigste Wirtschaftszweig, was direkte und indirekte Steuereinnahmen betrifft.

Nicht wegen des Geschäfts mit dem Luxusgut Seide, das Mitte des 19. Jahrhunderts die wichtigste Einnahmequelle des Kantons bildete, heute aber keine Rolle mehr spielt. Damals wurden insbesondere im Mendrisiotto, im Luganese und im Malcantone von vielen Familien Seidenraupen gezüchtet – die sogenannte *bigatèra* stand nicht selten in der Küche oder sogar im Schlafzimmer. Die Pflege der Tag und

Nacht zu überwachenden Larven, die alle paar Stunden mit frischen Blättern des Weißen Maulbeerbaums gefüttert werden mussten (heute findet man von diesem keine hundert Exemplare mehr im Tessin), war eine heikle Aufgabe, die in der Regel Frauen übernahmen. Sie brachten dann die Kokons in die Spinnereien, wo Abhasplerinnen die bis zu 900 Meter langen Fäden abwickelten: die erste bezahlte Arbeit überhaupt, die es für Frauen im Kanton gab. 1842 etwa waren 1144 Arbeiterinnen in 41 Betrieben tätig, darunter viele Mädchen im Alter zwischen 10 und 16 Jahren. Die Rohseide wurde jedoch nicht im Tessin weiterverarbeitet, sondern an Seidenwebereien vor allem in Zürich geliefert, die Mitte des 16. Jahrhunderts meist von Glaubensflüchtlingen aus Locarno begründet worden waren. Seidenwurm- und Maulbeerbaumkrankheit sowie die asiatische Konkurrenz brachten die Produktion dann sukzessive zum Erliegen.

Wichtigster Wirtschaftszweig ist die Modeindustrie auch nicht wegen des verkehrsgünstig an der Autobahnausfahrt nach Mendrisio gelegenen, jährlich von über drei Millionen vor Glück schreienden Sparfüchsen besuchten Herstellerdirektverkaufszentrums (oder neudeutsch: Outlet-Centers) »FoxTown«, das an 360 Tagen im Jahr Artikel von 250 Modelabels feilbietet. Sondern wegen der rund dreißig multinationalen Kleiderkonzerne, die sich seit Ende der 1990er-Jahre im Kanton niedergelassen haben, vorwiegend in der »Fashion Valley« genannten flachen Industriezone zwischen Stabio, Mendrisio und Chiasso, eine halbe Autostunde entfernt von der Modemetropole Mailand.

Dass der Schweizer Lingerie-Anbieter Zimmerli seine hochfeine Unterwäsche, die, so wird behauptet, die intimsten Körperteile von Stars wie George Clooney, David Beckham oder Bruce Willis umhüllt, in Mendrisio zuschneiden und konfektionieren lässt, stellt jedoch eine Ausnahme dar. Hugo Boss, Tom Ford und all die anderen sind nicht ins Tessin gekommen, um dort zu produzieren, sondern um die Steuerlast zu optimieren. Die in den Herstellungs- und Vertriebsländern erwirtschafteten Erträge werden über konzerninterne Transaktionen an Tessiner Prinzipalgesellschaften übertragen, an Verwaltungssitze und Logistikzentralen, in denen man die Designerkleider zwischenlagert, verpackt und in die ganze Welt verschickt. Kering beispielsweise, bekannt für Luxus- und Sportmarken wie Gucci, Yves Saint Laurent oder Puma, erzielte 2012 im Tessin mit rund 600 Angestellten siebzig Prozent des weltweiten Gesamtgewinns von rund 1,27 Milliarden Euro. Auf die mehr als 30 000 Angestellten in der übrigen Welt entfielen dreißig Prozent; rein rechnerisch erwirtschaftete ein Tessiner also rund 117-mal so viel wie ein ausländischer Mitarbeiter. Der Druck ausländischer Steuerbehörden nimmt indes seit einigen Jahren zu; Versace und Armani haben ihre Aktivitäten bereits wieder nach Italien verlegt, das Risiko weiterer Abwanderungen gilt als hoch.

Vermutlich wird jedoch der eine oder andere das Tessin weniger mit modischen Textilien assoziieren, als vielmehr mit dem völligen Verzicht auf dieselben, schließlich haben sich die unbekleideten Lebensreformer auf dem Monte Verità ebenso ins kollektive kulturelle Gedächtnis eingebrannt wie der passionierte Nacktkletterer Hermann Hesse. Und natürlich, im doppelten Wortsinn, haben auch wir früher unsere jugendlichen Körper hüllenlos an der Maggia bronziert und *füdliblutt* in der Melezza geplanscht, zwischen Verscio und Cavigliano oder zwischen Intragna und Corcapolo.

Doch schon Goethe, der meinte, »der wahre Mensch ist der nackte Mensch«, hatte sich in der Schweiz handfesten Ärger eingehandelt, als er und seine beiden jungen Begleiter »beim Anblick und Feuchtgefühl des rinnenden, laufenden, stürzenden, in der Fläche sich sammelnden, nach und nach zum See sich ausbreitenden Gewässers« der Versuchung nicht hatten widerstehen können, splitterfasernackt im Freien zu baden, um sich »in einen Naturzustand zu versetzen«. Die drei wurden ermahnt, »sie weseten nicht in der uranfänglichen Natur, sondern in einem Lande, das für gut und nützlich erachtet habe, an älteren, aus der Mittelzeit sich herschreibenden Einrichtungen und Sitten festzuhalten«. Also verließen sie »die allzu taghaften Seeufer«, fanden es aber unverfänglich, »entfernt von aller Wohnung, ja von allem betretenen Fußpfad« die Kleider abzuwerfen und sich, »nicht ohne ein wildes, teils von der Kühlung, teils von dem Behagen aufgeregtes Lustjauchzen«, in einen Gebirgsbach zu stürzen. Sie »mussten aus dem oberen stummen Gebüsch herab Steinwurf auf Steinwurf erfahren, ungewiss ob von wenigen oder mehrern, ob zufällig oder absichtlich«, suchten ihre Kleider und das Weite.

Regelmäßig mit Steinchen beworfen wurde in den 1920er-Jahren auch Hermann Hesse, wenn er sich nackt auf der Gartenterrasse sonnte; Dorfkinder machten sich einen Spaß daraus, ihn zu necken. Die vier Zimmer, die Hesse 1919 bis 1931 in der ockerfarbenen, 1853 vom Architekten Agostino Camuzzi im Stile eines barock-verspielten russischen Palais errichteten Casa Camuzzi günstig mietete und in denen »Klingsors letzter Sommer«, »Siddhartha«, »Der Steppenwolf« und »Narziß und Goldmund« entstanden, befinden sich heute ebenso in Privatbesitz wie die 1931 bis 1962 von Hesse bewohnte Casa Rossa, mittlerweile weiß verputzt und von einer dichten Thujahecke umgeben. Die mit dem PostAuto von Lugano lächerliche acht Minuten dauernde Fahrt nach Montagnola, wo Sie, das nur nebenbei, auch die schlossartige Villa Collina d'Oro bestaunen können, den letzten Wohnsitz des 2001 verstorbenen »Beatles« George Harrison (heute im Besitz des ehemaligen L'Oréal-Generaldirektors Lindsay Owen-Jones), lohnt sich dennoch. Wenn Sie ein klein wenig Massel haben, ist das Eingangsportal zum stuckverzierten Vestibül der Casa Camuzzi, in der auch die Maler Gunter Böhmer und Hans Purrmann, die Schriftsteller Peter Weiss und Hermann Burger ein Zuhause fanden, nicht verschlossen. Von ihm führt, wie es Hermann Hesse formulierte, »pompös und theatralisch eine fürstliche Treppe« hinab zu seinem einstigen FKK-Liegeplatz – anständigere Menschen als ich respektieren freilich das Schild mit der Aufschrift »Privato«. In jedem Fall aber darf man in einem kleinen, feinen, von März bis Oktober täglich und im Winter am Wochenende geöffneten Museum, das in dem zum verwinkelten Gebäudekomplex gehörenden alten Turm eingerichtet wurde, den Schreibtisch des Autors, seinen Malkasten, seine Brille und andere Devotionalien anbeten. Und eine in Hinterindien angefertigte weiße Jacke – in der Regel trug der Kultvater der Hippiebewegung Kleidung.

Heute stellt Nacktheit weniger ein grundsätzlich moralisches als ein individuell ästhetisches Problem dar, dennoch reihen sich an den Tessiner Flüssen seit etlichen Jahren Blechschilder mit der Aufschrift »Divieto di nudismo« aneinander. Gemäß Schweizer Strafgesetzbuch ist das Adamskostüm, sofern nicht sexuell motiviert, legal. Die Kantone können in ihrem Übertretungsstrafrecht entsprechende Normen vorsehen und die »grobe Verletzung von Sitte und Anstand« ahnden – zum Beispiel das Urinieren auf öffentlichem Grund und vor Publikum oder die Trendsportart Nacktwandern, die der Kanton Appenzell Innerrhoden seit 2009 mit einem Bußgeld von 200 Franken belegt. Im Tessin werden kleidungslose Angelegenheiten auf kommunaler Ebene reglementiert, und so haben einige Gemeinden zwar ausdrücklich das stoffbefreite Baden untersagt, tolerieren es jedoch stillschweigend an den schon seit Jahrzehnten von Nudisten frequentierten Flussabschnitten und setzen das Verbot lediglich an Familienstränden durch. Immer vorausgesetzt, es geht auch ohne textiles Feigenblatt sittsam zu. Im Sommer 2009 berichtete das Boulevardblatt *Blick* reißerisch, dass angesichts einiger »Exhibitionisten und Freiluft-Swinger« der »Volkszorn« nun endgültig ausgebrochen sei, kürte die Melezza zum »schärfsten Fluss der Schweiz« – nicht ohne entsprechende Bildbelege – und titelte beruhigend: »Jetzt kommt die Füdli-Polizei«. Gekommen sind, auch das laut Asphaltpresse im doppelten Wortsinn, in erster Linie einige Voyeure.

Mit solchen konfrontiert sahen sich vor rund 120 Jahren auch die Freigeister auf dem Monte Verità, denn selbstverständlich war es ein Bestandteil ihrer naturnahen Lebensweise, sich von Korsett und Stehkragen zu befreien. Sie trugen wallende Gewänder, hemdartige Kittel und knielange Hosen oder eben ein »Luftkleid«, also gar nichts. In mit Bretterzäunen umgebenen Lichtluftbädern setzten sie die unbekleideten Körper der Sonne aus, barfuß bis an den Hals jäteten sie Gemüsebeete, nackt turnten und tanzten sie. Von den Einheimischen argwöhnisch beäugt, sorgten die *balabiòtt*, wie die Monteveritaner genannt wurden, was wörtlich übersetzt Nackttänzer heißt, aber auch Verrückte bedeutet, für die ersten Tagestouristen. Eigens mit dem Dampfschiff aus Italien angereiste Schaulustige bestiegen den Narrenhügel, um die Nackedeis gegen einen Obolus durch Astlöcher in den schützenden Bretterzäunen zu begaffen; auch der lüsterne Blick von den beiden Aussichtstürmen des benachbarten Hotels Semiramis war nicht gratis. Zudem erschlossen sich die Sonnengeröteten, obschon gesinnungsmäßig rot, durchaus kapitalistisch eine munter sprudelnde Einnahmequelle mit dem Verkauf unerotischer Aktfotos. Postkarten, herausgegeben vom Verlag des Sanatoriums M. V. und an dessen Eingang feilgeboten, zeigten bärtige Kommunarden bei der Gartenarbeit oder den großstadtflüchtigen Anarchisten Erich Mühsam bei der alten Felsenmühle in Arcegno, dem Mulino del Brumo. Übrigens einer dieser unzähligen Orte, die zum Rhapsodieren verführen: 1915 ließ sich dort der Maler Richard Seewald nieder, 1919 hauste Friedrich Glauser in der abgelegenen Klause, der beste Schweizer Krimiautor aller Zeiten (die legendären Wachtmeister-Studer-Zigarren stammen übrigens von der Fabbrica Tabacchi Brissago, bis zum Ersten Weltkrieg die größte Tessiner Fabrik überhaupt). Und von 1974 bis zu seinem Tod 2003 bewohnte Heiner Hesse, Sohn und literarischer Nachlassverwalter von Hermann Hesse, das Anwesen … Jeder Winkel atmet Kulturgeschichte!

Doch der Reihe nach. Nachdem 1889 der Versuch gescheitert war, auf der Anhöhe La Monescia am nordwestlichen Rand Asconas ein theosophisches Laienkloster zu gründen, hatten im Jahr 1900 ein paar junge Weltverbesserer voller Lichthunger und Wahrheitsdurst das anfangs 1,5 Hektar große, bald schon durch Zukäufe erweiterte, mit Ginster überwucherte Gelände zwischen Kastanienwäldern und Felsen in Besitz genommen. Ida Hofmann, eine 36-jährige, im sächsischen Freiberg geborene diplomierte Klavierlehrerin und Frauenrechtlerin, lebte mit dem gut zehn Jahre jüngeren Antwerpener Großindustriellensohn Henri Oedenkoven zusammen, der sich vom Aufenthalt auf dem Berg die Heilung von den Folgen syphilitischen Leidens erhoffte und den Löwenanteil der Kaufsumme von 150 000 Franken beisteuerte. Ihre ein Jahr ältere Schwester Eugenie Ida Antonia Luise, von allen Jenny genannt, war ausgebildete Opernsängerin und träumte ebenso von einem freieren Leben wie die etwas überdrehte, ihrem restriktiven Berliner Elternhaus entflohene 24-jährige Pauline Charlotte Babette (kurz: Lotte) Hattemer, der 1875 im siebenbürgischen Mediasch geborene Karl Samuel Josef Gräser, ein individualanarchistischer, soeben demissionierter k. u. k. Offizier in Kniehosen, barfüßig und mit langem Haar, und sein vier Jahre jüngerer Bruder Gustav Arthur Gräser, Kunstschüler des malenden Nacktkulturpioniers Karl Wilhelm Diefenbach.

Die Prototypen künftiger Hippies und Ökofreaks tauften die Monescia, die die Einheimischen auch *Pai Mött*, Wiesenhügel, nannten, um in Monte Verità, »Berg der Wahrheit«. Nicht etwa, weil sie in Anspruch genommen hätten, in deren Besitz zu sein, sondern weil sie »entgegen dem oft lügnerischen gebaren der geschäftswelt u. dem her konvenzioneler forurteile der geselschaft« danach strebten, »in wort u. tat ›war‹ zu sein, der lüge zur fernichtung, der warheit zum sige zu ferhelfen«, so Ida Hofmann, die nicht nur sexuell, sondern auch orthografisch auf Konventionen pfiff.

Doch die kleine Gruppe zerfiel rasch. Zunächst wurde der visionäre Poet und Naturprophet »Gusto« Gräser auf Betreiben von Hofmann und Oedenkoven, die ihn für einen Besserwisser und Faulenzer hielten, ausgeschlossen. Vorübergehend wegen Militärdienstverweigerung in österreichischer Kerkerhaft, hauste er ab 1902, wenn er nicht gerade als Wanderasket umherzog, eremitisch in einer Felsenhöhle im Wald von Arcegno, oberhalb von Losone. Er war »Vollblutvegetarier, hatte lange, wallende Christushaare, einen ebensolchen Voll- und Schnurrbart, trug eine Art Toga aus Sackleinwand auf dem Leib, die mit Holzstäbchen zusammengehalten war, darüber einen breiten Ledergürtel, darunter eine kurze Hose und an den Füßen Ledersohlen, die er mit Spagatschnüren festgebunden hatte«, beschrieb Oskar Maria Graf den in seinen Augen eher ungustiösen Gusto, vor dem die Asconeser Kinder niederknieten und sich bekreuzigten, weil sie ihn für den Heiland hielten. Und setzte maliziös hinzu: »So sanft war er, dass er nicht einmal seine Läuse und Flöhe tötete; so völlig hatte er sich der Natur genähert, dass er wie eine Ziege stank.«

Der Streit zwischen Fundis und Realos, wie man heute sagen würde, ob auf dem Monte Verità eine sich selbst versorgende, urkommunistische Kolonie oder ein kommerzielles Natursanatorium errichtet werden solle, dessen Gewinne man für den Aufbau einer autarken Siedlungsgemeinschaft verwenden könne, war rasch entschieden. Oedenkoven und Hofmann setzten sich durch und zahlten die anderen aus. Gusto Gräsers ebenso radikal zivilisationskritischer Bruder Karl und Jenny Hofmann übersiedelten auf ein großes Grundstück unmittelbar neben der Kommune und bauten dort die Ruine einer Weinberghütte aus. Hinzu kam wenig später ein 63 Quadratmeter großes Häuschen in der heutigen Via Monescie 40. Dort führten die beiden ein konsequentes Leben ohne Geld und fertigten, was irgend möglich, eigenhändig an, etwa Möbel aus knorrigen Baumästen; alles Übrige tauschten sie gegen Obst und selbst zubereitete Fruchtpasten ein. Und als Jenny eines Tages einen Dentisten in Locarno aufsuchen musste, entlohnte sie ihn mit einem Lied: »Sie sind Zahnarzt, ich bin Sängerin, jeder tut, was er kann.«

Nachdem Jenny und Karl, beide unter den Folgen der Syphilis leidend, nach Kassel ausgewandert waren, wo sie Ende September 1916 ihre »Reformehe« ganz bürgerlich legalisierten, lebte Gusto, zwischenzeitlich in Österreich wegen Kriegsdienstverweigerung zum Tode verurteilt, in dem Haus auf dem Hügel, bis er 1918 aus der Schweiz ausgewiesen wurde. Dass ihm Hermann Hesse mit der Titelfigur der Erzählung »Demian. Die Geschichte einer Jugend« ein Denkmal gesetzt habe, wie Gräsers Nachlassverwalter Hermann Müller seit Jahrzehnten mit sturer Bestimmtheit propagiert, ist umstritten; auch in »Siddharta«, in »Narziß und Goldmund« und im »Glasperlenspiel« soll seine Lehre widerhallen. Späte Fans würdigen den obsessiven Totalaussteiger jedenfalls als »schöpferische Mitte des Berges«, und manche mystifizieren ihn sogar zum »Wiedergänger Jesu«.

Die psychisch labile Lotte Hattemer zog sich in ein fensterloses Rustico am Höhenweg nach Ronco zurück. 1906 starb sie, von religiösen Wahnideen befallen, an einem Cocktail aus Kokain und Opium, gemixt von Otto Gross, der bei ihr eine schizophrene Störung diagnostiziert hatte. Der österreichische Psychiater und Psychoanalytiker predigte und lebte exzessiv die Befreiung der Sexualität von allen moralischen Fesseln. Orgien, so war er überzeugt, steigern das Bewusstsein, Drogen die Intensität der Erfahrung. »Ich habe das Gift in ihren Händen zurückgelassen, weil ich die Überzeugung bekommen hatte, dass Lotte Hattemer, wenn sie zu sterben entschlossen war, diesen Entschluss auf jeden Fall durchführen und gewiss nicht davor zurückschrecken würde, nöthigen Falls auf schreckliche und schmerzvolle Art zu sterben. Dies zu vermeiden, wollte ich ihr die Gelegenheit lassen«, schrieb er einem Freund.

Auf dem Berg hatte man unter tätiger Mithilfe der ersten Besucher hölzerne Lichtlufthütten gebaut, Gemüsebeete angelegt und Obstbäume gepflanzt. Nachdem in den ersten Jahren ein Esel das notwendige Wasser mühsam hochgetragen hatte, wurden 1904 mit großem Aufwand Leitungen verlegt, und im selben Jahr erstrahlte elektrisches Licht auf dem Berg – eine Novität für Ascona. Mit modernen Annehmlichkeiten wollten Oedenkoven und Hofmann ihr Lebensreformprojekt auch anspruchsvolleren Kunden schmackhaft machen, also wurde auf der Hügelkuppe die sogenannte Casa Centrale samt Bibliothek und Musiksalon errichtet, zu deren großer, wie eine Theaterbühne wirkender Veranda zwei geschwungene Freitreppen führten; die meisten Hütten erhielten Kachelöfen. Als Wohnhaus für Oedenkoven und Hofmann diente die Casa Anatta, ein Holzbau auf einem kreuzförmigen Sockelgeschoss aus Stein, mit abgerundeten Zimmerecken und Gewölbedecken und einem weiten Flachdach, auf dem Oedenkoven ungestört der Nacktkultur frönen konnte – der Begriff Freikörperkultur kam erst nach dem Ersten Weltkrieg auf.

Am Eingang der Anlage prangte nun an einem weißen Tor das Schild »Sanatorium Monte Verità«. Die Anhänger eines radikalen »Vegetabilismus« mieden alle tierischen Produkte, also auch Eier, Milch und Honig, und ernährten sich hauptsächlich von rohen Früchten. Er sei »durch die fleischlose Diät geheilt worden«, bekannte Oedenkoven, fühle sich »moralisch ruhiger, fester; auch intellektuell: erfasse alles viel schneller und klarer als früher«.

Deutlich weniger enthusiasmiert, brachte Erich Mühsam den Namen »Salatorium« in Umlauf, »da man dort mit nichts als rohem Obst und ungekochtem Gemüse gefüttert wurde«. Zusammen mit seinem Lebenspartner Johannes Nohl war der spätere Münchner Räterevolutionär auf Einladung des Arztes und früheren sozialdemokratischen Reichstagsabgeordneten Raphael Friedeberg 1904 nach Ascona gekommen. »So wurde ich zu den Rohköstlern gesteckt und mir eine ›Lufthütte‹ als Behausung zugewiesen. Von früh bis spät kaute ich nun Äpfel, Pflaumen, Bananen, Feigen, Wal-, Erd- und Kokosnüsse – es war schauderhaft, und ich fühlte meine Kräfte schwinden. Vierzehn Tage hielt ich's aus, dann ging ich zum Direktor und klagte ihm, dass ich dabei zugrunde gehen müsse. ›Oh‹, sagte der, ›das ist nur die Krise, die muss jeder durchmachen.‹ – ›Aber‹, meinte ich, ›wenn ich nun die Krise nicht überstehe? Wenn ich dabei auf der Strecke bleibe?‹ Herr Oedenkoven sah mich streng an: ›Das kann ja sein; aber dann ist gar nichts an Ihnen verloren!‹ Da ging ich ins Dorf hinunter, setzte mich in eine solide Osteria, ließ mir ein Beefsteak geben, trank einen halben Liter Wein dazu und rauchte danach eine große, dicke Zigarre. Nie hat mir eine Mahlzeit so geschmeckt, nie mich eine so gekräftigt und dem Leben gewonnen. Friedeberg ergötzte sich sehr, als ich ihm Bericht erstattete, und bezahlte willig die selbst verordnete Salatoriumskur.«

Der Dadaist Hugo Ball bezeichnete die Monteveritaner als »eine Menge schafblöder Naturmenschen«, tatsächlich aber war der Berg weit mehr als ein Nudistencamp und eine Spielwiese für kalt duschende Müeslifans, die auf die Spießer herabblickten. Das Mekka der Zivilisationsmüden zog aus ganz Europa geradezu magnetisch Neu- und Umdenker aller Couleur an, die die gesellschaftlichen Normen durchbrechen wollten, sich an Materialismus, Militarismus, Chauvinismus und den hierarchischen Strukturen ihrer Zeit rieben, der Prüderie und der in ihren Augen lebensfeindlichen Moral. Eine antibourgeoise Avantgarde, die glaubte, der »neue Mensch« sei der sich selbst entfaltende Mensch, und ein zwang- und bedürfnisloses, naturnahes Leben außerhalb der technisierten und urbanisierten Zivilisation herbeisehnte. Der Monte Verità, der übrigens genau auf der Insubrischen Linie liegt, der unterirdischen Grenze zwischen der Afrikanischen und der Eurasischen Kontinentalplatte, und magnetische Anomalien aufweist – wundern Sie sich nicht, wenn Ihr Kompass dort versagt! –, wurde zum Zentrum der Suche nach neuen Gesellschaftsmodellen, zur Wiege der europäischen Alternativkultur mit ihren unterschiedlichsten emanzipatorischen, pazifistischen und ökologischen Bewegungen.

Zu den spleenigeren Besuchern zählte August Bethmann, ein sexuell enthaltsam lebender »Frugivor«, der dann auf die zu Deutsch-Neuguinea gehörende Insel Kabakon übersiedelte und dort mit August Engelhardt den »nackten Kokovorismus« lebte. Sie verzichteten auf jegliche Kleidung und ernährten sich vorwiegend von Kokosnüssen: »Die reine Kokosdiät macht unsterblich und vereinigt mit Gott.« Ebenso auf dem Hügel zu Gast war der amtsgerichtlich entmündigte Wanderprediger Gustav Nagel (oder, in eigener Schreibweise: gustaf nagel), der, obschon er jämmerlich fror, selbst bei Schneegestöber im Lendenschurz umherlief. Er war ein Verfechter der Tabak- und Alkoholabstinenz, von Kaltwaschungen und der freien Liebe und sollte 1924 – mittlerweile wieder für geschäftsfähig erklärt – die »deutsch-kristliche folkspartei« gründen, die die Großstädte abschaffen wollte.

Auf den Zauberberg der Wahrheit kamen aber auch später weltberühmte Künstler wie die Schauspielerin Hedda Somin, die eigentlich Katharina Simon hieß und 1904 von ihrem 29 Jahre älteren, attraktiven, aber schwierigen Geliebten auf dem Monte Verità untergebracht wurde – der meist in Berlin tätige Bildhauer und Bühnenbildner Max Kruse wollte vor allem seine Ruhe. Von 1905 bis zur Heirat 1909 hauste sie, fast mittellos, in einem *roccolo*, der bis zu deren Verbot 1875 der Vogeljagd gedient hatte. Angelockt von in Käfigen gehaltenen Artgenossen, hatten sich Zugvögel in ringsherum aufgespannten Netzen verfangen oder waren geschossen worden. Die spätere Käthe Kruse bastelte dort für ihre ältere Tochter »Mimerle« zum Weihnachtsfest 1905 aus einem Handtuch, das sie mit Sand füllte, und einer Kartoffel, die als Kopf diente, ihre allererste Puppe. Heute kann man sich kaum noch vorstellen, dass dies »eine Viertelstunde von der nächsten menschlichen Behausung entfernt« geschah, längst ist der Hügel, die Collina, dicht bebaut. Der im Sommer durchaus schweißtreibende Weg hinauf zum kulturgeschichtsträchtigen Vogelstellerturm, den nach der Kruse auch die Reventlow, der expressionistische Dramatiker Reinhard Goering und Werner von der Schulenburg, Autor der »Briefe vom Roccolo«, nutzten, lohnt kaum. Das Gemäuer ist erhalten, befindet sich aber auf einem privaten Grundstück, das Mauern und Pflanzen vor Blicken schützen – in unmittelbarer Nähe übrigens des außerhalb der Hauptsaison überraschend preisgünstigen Viersternehotels Ascona, von dem aus man einen herrlichen Blick auf den See genießt.

Schon ein Dutzend Jahre bevor er sich im Tessin niederließ, hielt sich Hermann Hesse, der von seiner Trunksucht loskommen wollte, auf dem Berg auf. 1907 lebte er zeitweise pudelnackt in einer Hütte und in Gusto Gräsers »Pagangrott« im Wald von Arcegno. Er ließ sich bis zu den Schultern in der Erde eingraben, um deren Heilkraft zu erproben, meditierte und nahm nichts als Wasser, Beeren, Sauerampfer und Nüsse zu sich, verweigerte sich als pietistischer Schwabe zwar den urschreitherapieähnlichen ekstatischen Nackttänzen, zu denen Gräser ihn animieren wollte, strich aber auf der Suche nach sich selbst vollkommen unbekleidet durch die Wälder und kletterte auf den Granitfelsen herum. Wenig später ließ sich der künftige Literaturnobelpreisträger, überzeugt davon, dass durch die »Annäherung an das Nacktleben« eine »Regeneration unsrer Völker und ihres gesamten Lebens möglich wäre«, sogar als drahtiger Nacktwanderer fotografieren. Nicht im Tessin, sondern in Amden über dem Walensee. Und in diskreter Rückenansicht.

Spätestens mit der förmlichen Gründung der Vegetabilischen Gesellschaft des Monte Verità im Jahr 1905 hatte das protokommunistische Experiment ein Ende gefunden und war zum »kapitalistischen Spekulationsunternehmen« mutiert, so Erich Mühsam. In dem kommerziell geführten, 36 Betten umfassenden Betrieb logierten zunächst durchschnittlich 11 Gäste gleichzeitig (der Höchststand wurde im September 1908 mit 27 Personen erreicht), vorwiegend aus dem gehobenen Bürgertum, ein knappes Fünftel aus der Schweiz, ein gutes Drittel aus Deutschland. 1911 wurde das Unternehmen durch den Kauf des benachbarten Hotels Semiramis um 34 Betten erweitert.

Dort eröffnete Arnold Ehret aus dem badischen St. Georgen, der 1907 schon einmal einige Monate auf dem Berg verbracht und 1909 in Köln für Furore gesorgt hatte, als er sich 49 Tage lang unter notarieller Aufsicht fastend in einem Glaskasten zur Schau gestellt hatte (was Franz Kafka zur Erzählung »Der Hungerkünstler« inspirierte), eine »Schule für leibliche und geistige Diätetik«. Er war überzeugt, jeder kranke Mensch, gleichgültig, ob er an Krebs, Syphilis, Tripper oder einer Erkältung leide, besitze einen »schleimverstopften Organismus«. Allein die Ernährung ausschließlich mit Obst und Gemüse könne die Bildung solch schädlichen Schleims verhindern. Ausgewandert in die USA, hatte der Ernährungsfanatiker dort mit seiner Diätphilosophie nachhaltigen Erfolg. Von seinem Buch »Die schleimfreie Heilkost« inspiriert, ernährte sich der Collegestudent Steve Jobs Anfang der 1970er-Jahre tagelang von Äpfeln – ohne Ehret trügen die Apple-Computer einen anderen Namen …

Sukzessive passte Oedenkoven, der sich in der Presse öffentlich von »Naturmenschen« wie Gräser distanzierte, den Monte Verità dem sich wandelnden Geschmack an, bis 1917 auch die letzten Bastionen fielen, als der Zwang zur Reformkleidung aufgehoben und der Verzehr von Fleisch erlaubt wurden. Schon zuvor hatte die Ausdruckstänzerin Marie Wiegmann, die unter dem Namen Mary Wigman international Karriere machen und den Ruf des New German Dance begründen sollte, für ihre entkräfteten Kolleginnen heimlich Körbe voll Wiener Schnitzel und einen großen Weinvorrat aus der Trattoria des Dorfes heraufbringen lassen – seit 1913 unterrichtete der Ungar Rudolf von Laban an der »Schule für Kunst« auf dem Monte Verità. Er revolutionierte die Tanzwelt, indem er den Tanz von der Musik trennte und ihn als eigenständige Kunstform betrachtete. Zu den Tänzerinnen, die in den Jahren bis 1919 auf dem Berg auftraten, gehörten Sophie Taeuber, die spätere Ehefrau von Hans Arp und selbst eine bedeutende Textilgestalterin, Malerin und Bildhauerin, Katja Wulff und Suzanne Perrottet, die mit Laban und seiner Ehefrau Maja Lederer in einer Ménage-à-trois zusammenlebte – oder vielmehr in einer Patchworkfamilie, denn Laban hatte mit seiner Frau zwei Kinder und mit seiner Geliebten einen Sohn.

Labans Freilichtperformance »Sonnenfest«, bestehend aus dem abendlichen Weihespiel »Die sinkende Sonne«, dem nächtlichen pantomimischen Tanzspiel mit Fackelreigen

»Die Dämonen der Nacht« und dem morgendlichen Tanzhymnus »Die siegende Sonne«, wurde im August 1917 der Höhepunkt des »Congrès Coopératif Anationale de la Confrérie des Illuminés Hermétiques«. Einberufen hatte diesen der Großmeister des irregulären Freimaurerordens »Ordo Templi Orientis«, Theodor Reuß. Der ehemalige Opernsänger aus Augsburg, der durch Krankheit seine Stimme verloren hatte, sah den Schlüssel aller Geheimnisse in der Sexualmagie, und so war ein weiterer Programmpunkt des Kongresses die Rezitation einiger Gedichte und der »Gnostischen Messe« des britischen Okkultisten Aleister Crowley, der autoerotische, homosexuelle und sadomasochistische Praktiken in den »O. T. O.« eingeführt hatte. Noch bevor er seinen Plan, auf dem Berg einen mythischen Tempel zu errichten, realisieren konnte, fiel Reuß wegen seiner »tantrischen Methode« bei Oedenkoven in Ungnade.

Erschöpft von dem gescheiterten sozialutopischen Versuch, verließ Henri Oedenkoven, mittlerweile verheiratet mit der 1887 im indischen Ambala geborenen, in Irland und England aufgewachsenen Laban-Schülerin Elise Isabel Adderley und Vater von drei Kindern, den Pächtern überantworteten Betrieb und wanderte 1920 über Spanien nach Brasilien aus, wo er gemeinsam mit Ida Hofmann eine vegetarische Siedlung gründete. Auch im Tessin sollte es weitere Versuche unorthodoxer Kommunen geben. Der Drucker Fritz Jordi hatte 1921 als einer von 17 Schweizer Delegierten am dritten Weltkongress der Kommunistischen Internationale in Moskau teilgenommen und die vom Maler Heinrich Vogeler ins Leben gerufene wirtschaftlich-handwerkliche Produktionsgemeinschaft auf dem

Barkenhoff in Worpswede besucht. 1923 kaufte er für 18 000 Franken den halb zerfallenen Weiler Fontana Martina bei Ronco sopra Ascona, dessen Bewohner nach Amerika ausgewandert waren, und gründete eine Art proletarische Variante des frühen Monte Verità, die sich zur Künstlersiedlung entwickelte und in der auch Arbeitslose und politisch Verfolgte Aufnahme fanden.

Doch kehren wir zurück auf den Monte Verità selbst: Er wurde 1924 nach größeren Renovierungs- und Umbauarbeiten als Künstlerhotel wiedereröffnet, dessen wirtschaftlicher Erfolg aber ausblieb. Und so konnte Anfang 1926 der national-konservative rheinländische Finanz-Tycoon Eduard Freiherr von der Heydt, von Marianne von Werefkin auf diese Occasion aufmerksam gemacht, das Gelände mit illustrer Vergangenheit für bescheidene 160 000 Franken erwerben, die Hälfte des ursprünglich geforderten Preises, und in den folgenden Monaten durch Zukäufe arrondieren. Da er der Finanzberater Wilhelms II. war, kursierten sogleich Gerüchte, er habe den Berg als Refugium für den abgedankten Monarchen erworben, doch von der Heydt dementierte. Seine Absicht sei, »notleidenden Intellektuellen Gelegenheit zu geben, billig oder umsonst einige Wochen in dieser Gegend zu verbringen«. Tatsächlich betrieb er ein Hotel der gehobenen Klasse, zu dessen ersten Gästen der ehemalige Kronprinz Wilhelm von Preußen mit seinen Brüdern August Wilhelm und Eitel Friedrich sowie der deutsche Außenminister Gustav Stresemann gehörten.

1927 bis 1929 wurde anstelle des alten Zentralhauses ein wuchtiger, weiß getünchter Kubus aus Stahlbeton errichtet, entworfen vom Architekten Emil Fahrenkamp, ausstaffiert mit Gemälden von Gauguin, Toulouse-Lautrec,

Munch, van Gogh und Picasso. Auch von der Heydts Wohnhaus, die Casa Anatta, stand Besuchern offen, die dort – gemäß dem Konzept der *ars una*, einer gleichwertigen »Weltkunst« – afrikanische Holzmasken, chinesische Bodhisattvas, indische Nymphen und japanische Malereien bestaunen durften. Das Kurhotel Monte Verità bot eine mondäne Mischung aus Kultur und Naturnähe, Askese, Dekadenz und Exotik.

Seine Gäste begrüßte der weltläufige Baron, der sich in der Pose des Aussteigers gefiel, schlips- und sockenfrei in weißen Shorts, ärmellosem Hemd und mit rotem Sonnenschirm. »Kleider, selbst die elegantesten, fallen ab. Man erhält bei Ankunft ein Lufthemd, den Dress des Berges, der nur im Nacktbad abzulegen ist. Gegen Sonnenstrahlen schützt der geflochtene Tessiner Hut. Der Körper wird so für alle erdmagnetischen Ströme freigemacht. Diese Genüsse kann nicht jeder bezahlen. Künstler, Schriftsteller, sogenannte Gelehrte haben sie am nötigsten. Der Monte Verità hat daher immer einige dieser Ausgestoßenen zu Gast. Sie sorgen dafür, dass die Tradition des Ortes weiterlebt«, hatte man schon im November 1927 im snobistisch-elitären Zeitgeistmagazin *Der Querschnitt* lesen können, in dem von der Heydt bis 1933 regelmäßig inserierte. »Der Monte Verità ist eines der wenigen Zentren einer neuen Intellektualität, einer Zeit, die begriffen hat, dass die neue Malerei in Frankreich eine der gewaltigsten Erscheinungen der Welt ist, einer Zeit, von der die Geheimnisse Asiens anschaulich erfasst werden, einer Zeit, die wieder an sich glaubt.«

Und so kamen sie alle: Gerhart Hauptmann und Richard Strauss, der Galerist Alfred Flechtheim und der

Sexualforscher Magnus Hirschfeld, Adlige, Politiker, Großindustrielle, und bescherten Ascona einen ungeahnten Aufschwung. Viele, die nicht auf Dauer Eduard von der Heydts »gangbares, anspruchsvolles und von allen Absonderlichkeiten geheiltes Hotel« frequentieren wollten, wurden in der Gegend sesshaft: »Inzwischen hat sich Emil Ludwig bei Ascona ein Haus gebaut, Edmund Stinnes besitzt ein großes Gelände, Herr Dr. Emden die Inseln von Brissago«, berichtete Annemarie Schwarzenbach in ihrem 1932 erschienenen Reisebuch über die »Schweiz. Ost und Süd« aus der Reihe »Was nicht im Baedeker steht«.

Diese illustren Leute im wahrsten Sinne des Wortes spielend kennengelernt hatte als Kind Enrichetta Alessandra Rogantini-de Beauclair, die in ihren letzten Jahrzehnten als »lebendes Gedächtnis des Wahrheitsberges« verehrt wurde; die *Neue Zürcher Zeitung* nannte sie die »dreidimensionale Verkörperung des historischen Kulturerbes«. Ihr Vater Alexander Wilhelm de Beauclair, kunstmalender Darmstädter Spross eines hugenottischen Adelsgeschlechts, war 1906 auf den Monte Verità gelangt, Sekretär Henri Oedenkovens und Verwalter der Kolonie geworden. 1928 in der Casa Monescia geboren, lebte Hetty Rogantini, bis auf ein Intermezzo als Bäuerin im Engadin, immer auf »ihrem« Berg – seit 1932 in der Strada Collina 58, wenige Meter südlich vom Anwesen der Gräsers – und für ihn.

»Häuser gab es damals auf der heute völlig verbauten Collina nur wenige, wir hatten eine wunderbare Aussicht. Jeden Morgen bin ich zu Fuß über die Wiesen hinuntergelaufen zur Schule, die im heutigen Gemeindehaus untergebracht war. Der alte Teil des Dorfes, der jetzt ja auch völlig verhunzt ist, existierte natürlich und auch die Piazza, an der es damals nur zwei Restaurants gab – es war alles viel romantischer, deshalb zog der Ort so viele Künstler an und wurde so berühmt. Ich habe noch gesehen, wie die Frauen am See ihre Wäsche mit dem Waschbrett wuschen, immer montags, und zwischen den Platanen aufhängten, wo auch die Fischer ihre Netze trockneten. Abends führte man die Kühe zur Tränke auf die Piazza. Und im Herbst kamen die Leute hier hoch zu uns, um Laub zu holen für die Kühe im Winter.«

Zufrieden durchschnitt Hetty 2017 das rote Band, als nach acht Jahren aufwendiger und kostenintensiver Sanierung die Casa Anatta samt Harald Szeemanns legendärer, zwischenzeitlich in Bellinzona eingelagerter Ausstellung »Die Brüste der Wahrheit« wiedereröffnet wurde, deren Besucher sie 28 Jahre lang betreut hatte: »Anfangs waren nur Deutsche gekommen, erst später auch Schweizer.« Bis kurz vor ihrem Tod im Jahr 2018 führte die robuste Zeitzeugin mit dem weißen Schopf und den eindringlich hellen Augen, mittlerweile Großmutter von zehn Enkelkindern und zweifache Urgroßmutter, Gruppen über das weitläufige Gelände des Monte Verità, auf Deutsch, Holländisch, Englisch und Französisch, »ich kann sogar ein wenig Arabisch!«.

Mit großer Verve und in noch größerem Tempo erläuterte sie Grundlegendes: »Ich bin als Freidenkerin mit großem Respekt gegenüber den verschiedensten Lebensformen aufgewachsen. Aber nicht alle kamen hier miteinander aus, und viele scheiterten trotz ihrer hehren Einstellung.« Und erklärte Konkretes: »Anfänger mussten sich nach fünf Minuten an der Sonne im kalten Wasser abkühlen. Dort steht noch eine der verzinkten Wannen!« Während sie mühelos von Jahrzehnt zu Jahrzehnt sprang, sprudelten Namen, Daten und Fakten nur so aus ihrem Kopf, garniert mit überlieferten Anekdoten der Gründer und persönlichen Impressionen der Brissago-Inseln-Besitzerin Antoinette de Saint Léger (»Für mich war das einfach eine alte Hexe!«), deren Nachfolgers Max Emden (»Mit seiner ›Würstchen‹ genannten Geliebten hab ich noch den 102. Geburtstag gefeiert, im Altersheim in Locarno«), des 2016 mit achtzig Jahren verstorbenen Clowns Dimitri (»Den hielt ich auf dem Arm, als er drei Tage alt war«) und anderen. Auch den kunstsinnigen Baron von der Heydt hatte sie selbstverständlich gekannt: »Er sah ein bisschen wie ein Buddha aus, immer lächelnd, immer freundlich.«

Der Ruf des edlen Wohltäters, der seine letzten Jahre nicht auf dem Berg, sondern im flachen Teil des Maggiadeltas, den Saleggi von Ascona, in der bescheidenen Casa Maya verbracht hatte, war bei seinem Tod 1964 schwer angeknackst. Seit 1926 Mitglied des republikfeindlichen Frontkämpferbundes »Der Stahlhelm«, ab 1933 der NSDAP, hatte sich Eduard von der Heydt, nachdem er 1937 Schweizer geworden war, im »Bund treuer Eidgenossen nationalsozialistischer Weltanschauung« engagiert, der den Anschluss ans »Dritte Reich« betrieb, und zudem über seine Konten Zahlungen abgewickelt, mit denen die Nazis Spione im Ausland honoriert hatten. 1946 inhaftiert und der »fortgesetzten Vorschubleistung zu Nachrichtendienst gegen fremde Staaten« angeklagt, war er 1948 aus Mangel an Beweisen »von Schuld und Strafe« freigesprochen worden. Ein ausgesprochen nachsichtiges Urteil der Schweizer Justiz, die, das darf man ohne allzu große Boshaftigkeit vermuten, in Betracht zog, dass eine Verurteilung den Entzug der Schweizer Staatsbürgerschaft, den Abzug der Kunstsammlung und den Verkauf des Monte Verità zur Folge gehabt hätte. So aber schenkte von der Heydt, der gehörig darunter litt, dass amerikanische Gerichte seinen Unschuldsbeteuerungen keinen Glauben schenken wollten, der Stadt Zürich den außereuropäischen Teil seiner exquisiten Kollektion (heute im Museum Rietberg zu bestaunen) und vermachte dem Kanton Tessin den Monte Verità mit sämlichen Liegenschaften und den dort verbliebenen Werken. Noch heute hängen im Albergo Monte Verità, abgesehen von zahlreichen Radierungen aus dem 18. und 19. Jahrhundert, Gemälde von Marianne von Werefkin, Conrad Felixmüller und Christian Rohlfs sowie Lithografien von Fidus. Letzterer kam 1907 auf den Berg und schuf im Jahr darauf sein berühmtes »Lichtgebet«, das zur Ikone der Jugendbewegung wurde: ein nackter junger Mann, der mit weit gespreizten Armen die Sonne anbetet.

Nun sind die Geschöpfe Gottes so vielfältig wie ihre Interessen, doch liegt es jenseits meiner Vorstellungskraft, dass jemand bei einem längeren Aufenthalt von einer Visite des weltberüchtigten Hügels Abstand nehmen könnte. Oder frei nach einem Wort des heiligen Loriot: Ferien im Tessin ohne Besuch des Monte Verità sind möglich, aber sinnlos. Wollen Sie dieser Wahrheit per pedes apostolorum folgen, steigen Sie am besten die schier endlose Scalinata della Ruga mit ihren angeblich 800, von mir nicht gezählten Stufen hinauf, die im Zentrum Asconas beginnt. Bequemer ist selbstredend der »Buxi«-Kleinbus der Linie 5, der mehrmals täglich an der Haltestelle »Autosilo« abfährt. Sind Sie mit dem eigenen Pkw unterwegs, zweigen Sie, auf dem

Viale Monte Verità aus Locarno kommend, vor Beginn der Fußgängerzone nach rechts in die kurvenreiche Strada Collina ab. Oder Sie verlassen den Viale Monte Verità bereits am Ortseingang, kutschieren Richtung Norden in die Via Losone und biegen, sobald Sie das Castello San Materno zu Ihrer Rechten und das Teatro San Materno zu Ihrer Linken passiert haben, links in die Strada Madonna della Fontana ein, die sozusagen hinten um den Berg herum in die Via Monte Verità mündet, auf der Sie in Richtung Süden zur Strada Collina gelangen.

Diese etwas längere Route bietet gleich mehrere Gelegenheiten für lohnende Zwischenstopps. Friedhofsfreaks werden den Cimitero comunale di Ascona an der Ecke Viale Monte Verità / Via Losone aufsuchen. Ein am Eingang kostenlos erhältliches Faltblatt führt zu den Ruhestätten von exakt 143 Berühmtheiten, darunter die Gräber der Malerin Marianne von Werefkin, des einst weltweit mit seinen anekdotenreichen Biografien erfolgreichen Emil Ludwig, der 1906 bis 1940 und 1945 bis 1948 in Moscia wohnte, des genialen Schlagertexters Fritz Rotter (»Veronika, der Lenz ist da«, »Was macht der Maier am Himalaya?«), des Stummfilmstars Brigitte Helm (»Metropolis«) und der »heiligen Tänzerin« Charlotte Bara, die unter Verwendung ägyptischer und indischer Elemente eine Art religiösen Kulttanz entwickelte. Für sie entwarf der Architekt Carl Weidemeyer, der gleichfalls hier bestattet ist, 1927/28 das benachbarte Teatro San Materno, das 1978 zum eher symbolischen Preis von 402 000 Franken in den Besitz der Gemeinde überging und seit 2009 in neuem Glanz erstrahlt. Der zartgelbe Flachdachbau aus Stahl, Beton und Glas gilt als einziges Bauhaustheater Europas, das in seiner

Originalform erhalten ist. 1934 trat hier mit Erika Manns »Pfeffermühle« das bedeutendste antifaschistische Kabarett auf, im Programm das »Revoluzzerlied« des einstigen Monte-Verità-Besuchers Erich Mühsam, der wenige Wochen zuvor im KZ Oranienburg ermordet worden war.

Charlotte Baras Eltern, der deutsch-jüdische Textilindustrielle Paul Bachrach und seine Frau Elvira, bewohnten seit 1919 das gegenüberliegende Castello San Materno, dessen ältester noch erhaltener Teil auf das 6. Jahrhundert zurückgehen soll und das im Spätmittelalter den Domherren von Mailand als Sommerresidenz gedient hatte. Heute beheimatet es die Sammlung der Kulturstiftung Kurt und Barbara Alten mit Werken von Künstlern der Kolonie Worpswede, des deutschen Impressionismus und Expressionismus.

Nach 700 Metern gelangen Sie zum unprätentiösen Grotto Madonna della Fontana, wo Sie im Schatten alter Baumbestände auf Steinbänken an robusten Granittischen sitzen und sich mit Tessiner Spezialitäten stärken können, bevor Sie zur gleichnamigen, der Aufnahme Mariens in den Himmel gewidmeten Kirche wallen. Die Geschichte dieser Gnadenstätte führt zurück ins Jahr 1428, als die Gegend von einer Dürre betroffen war. Ein taubstummes Mädchen, das Schafe hüten sollte, aber zusehen musste, wie ein Tier nach dem anderen verdurstete, flehte in seiner Verzweiflung die Mutter Gottes an. Die Angerufene ließ aus der trockenen Erde Quellwasser sprudeln, von dem man sich, da das Mädchen, nachdem es daraus getrunken hatte, sprechen konnte, bald die Heilung allerlei Gebrechen versprach. Und bis heute erhofft – obschon in den 1980er-Jahren der Wasserzufluss beim Bau des Asconeser Umfahrungstunnels abgeschnitten wurde und man seitdem schnödes Leitungsnass schöpft.

Angekommen auf dem Monte Verità, bietet sich zunächst ein Rundgang über das sieben Hektar große Gelände an. Sofort ins Auge fällt Emil Fahrenkamps quadratisch-praktisch-guter Flachdachbau; der geschwungene Treppenaufgang stammt noch aus den Zeiten der Pioniere. Die einstige Kuranstalt Monte Verità dient unter dem Namen Congressi Stefano Franscini als internationales Tagungszentrum der Zürcher ETH, der Eidgenössischen Technischen Hochschule, sowie nach wie vor als Beherbergungsbetrieb, der werbewirksam das historisch nicht ganz korrekte Etikett »Bauhausstil« für sich reklamiert. 2007/08 wurde dieses einzige originalgetreu erhaltene Hotelgebäude aus der Zeit des Neuen Bauens in der Schweiz fachgerecht restauriert und 2013 vom internationalen Komitee ICOMOS als historisches Hotel des Jahres ausgezeichnet. Möchten Sie dort nächtigen, sollten Sie Freude an schlichter Funktionalität haben und sich selbst genügen, die zierdelosen, mit Chrombetten möblierten Zimmer entbehren zeitgenössischer Zerstreuungsangebote wie eines Fernsehapparats. Der Beherbergungskomplex bietet zudem Schlafmöglichkeiten in der Villa Semiramis sowie den Ferienhäusern Casa Monescia, Casa Gioia und Casa Marta. Das erst 1991 an Fahrenkamps Hotel angebaute, fast durchgängig verglaste Restaurant verfügt über eine herrliche Terrasse mit unbezahlbarem Blick über den Lago Maggiore, der allerdings in die Preiskalkulation einzufließen scheint.

Auf der Wiese davor lädt der »Regenbogenweg« zum meditativen Wandeln auf seinen farbigen Abschnitten ein.

Bestens als Fotomotiv eignet sich der Blick durch die geschwungene Öffnung des »Goldflammenden Rades« auf den bauhausinspirierten Bau. Die 2,40 Meter hohe Skulptur aus rostfreiem Stahl von Hans Arp, der den Monte Verità seit 1916 immer wieder aufsuchte, ist eine Leihgabe der Fondazione Marguerite Arp-Hagenbach mit Sitz im Locarneser Vorort Solduno, die dort das Erbe des bedeutenden Dadaisten und Surrealisten in Arps Alterssitz Ronco dei Fiori und einem 2015 eröffneten neuen Ausstellungs- und Depotgebäude pflegt.

Wenige Schritte weiter östlich sehen Sie zu Ihrer Rechten die Villa Semiramis, ein rosafarbenes Jugendstilhaus mit leuchtend roten Fensterläden, in dem Georg Kaiser, der erfolgreichste expressionistische Dramatiker, die letzten Monate bis zu seinem Tod 1945 verbrachte – noch im Jahr darauf hing sein Hut vergessen an der Garderobe. Zur Linken steht, etwas erhöht im Grün, die kleine Casa Selma, eine spartanisch eingerichtete Lichtlufthütte, von der ein Rundgang im Uhrzeigersinn vorbei am Tennisplatz und einer Skulptur, die an Rudolf von Laban, den Begründer des modernen Tanzes, erinnern soll (jede Stahlstange des Ikosaeders steht für eine mögliche Bewegungsrichtung im Raum), zu den ehemaligen Sonnenbädern mit einer rostigen Open-Air-Dusche für vier Personen und maroden Turngeräten führt. Ein fensterloses Holzgebäude, errichtet auf dem Fundament des alten Solariums, beherbergt Elisàr von Kupffers restaurationsbedürftiges Rundbild »Klarwelt der Seligen«, von dem schon die Rede war. Daneben sieht man zwei kleine, steinerne Kinderbecken, Überreste des Familienbads. Ein Pfad zweigt ab zum Walkürenfelsen, folgen Sie indes dem Rundweg, passieren Sie das zu einer

Eventbühne umfunktionierte ehemalige Freibad und einen 2004 errichteten Friedenspfahl, bevor Sie die oberhalb des Loreleyfelsens gelegene Casa del Tè erreichen. Dort können Sie nach Voranmeldung japanische Teekultur zelebrieren – mit Grüntee von der eigenen, biologisch bewirtschafteten Plantage, der einzigen auf dem europäischen Festland.

Nach wenigen Schritten gelangen Sie wieder zur Villa Semiramis, hinter der linker Hand eine Treppe hinab zur Casa dei Russi, deren Name an die zahlreichen russischen Studenten auf dem Monte Verità nach der gescheiterten Revolution von 1905 erinnert, und zur Casa Anatta führt. Allein schon wegen ihrer theosophischen Architektur sehenswert, beherbergt diese zudem, wie erwähnt, Harald Szeemanns epochale Ausstellung über das Gesamtkunstwerk Monte Verità mit dem Titel »Le mammelle della verità«, konzipiert nach dem Modell der vielbrüstigen Wahrheitsgöttin Artemis. Für die Lebensreformer floss sozusagen aus jeder Brust die Milch einer anderen Wahrheit: die Herrschaftslosigkeit als Gesellschaftsmodell, die Reformbewegung für ein besseres individuelles und kollektives Leben, die sexuelle Revolution, die Künste. Zwischen 1978 und 1980 in Ascona, Zürich, Berlin, Wien und München gastierend und seitdem dauerhaft auf dem Berg beheimatet, wurden die »Brüste der Wahrheit« 2017 als Kunstinstallation originalgetreu rekonstruiert im originalgetreu restaurierten Haus wiederaufgebaut: Fotografien, Gemälde, Druckschriften, Autografen, ein von Karl Gräser gefertigter Stuhl, Kostüme der Tänzerin Charlotte Bara – insgesamt 975 Exponate, wie vor vierzig Jahren und folglich etwas altbacken präsentiert. Einen multimedialen Kontrapunkt dazu setzt die einführende und vertiefende Ausstellung »Le verità di una montagna« von Andreas Schwab, die im Parterre gezeigt wird.

Besser als auf dem Monte Verità können Sie alternativen Lebensformen nirgendwo nachspüren. In paradiesischer Nacktheit über die Parsifalwiese hüpfen, wie einst Ida Hofmann, sollten Sie eher nicht. Das würde nicht zuletzt wegen des am Rande gelegenen Kinderspielplatzes die Aufmerksamkeit der Ordnungshüter erregen – und vielleicht auch der Wildschweinhorden, die den Parco Parsifal nach Einbruch der Dunkelheit durchpflügen. Jahrhundertelang waren die urigen Borstentiere, die bis zu 200 Kilogramm auf die Waage bringen, im Tessin nicht vorhanden, doch seit 1981 erstmals ein unkontrolliert aus Italien eingewanderter Keiler gesichtet wurde – vom Inländervorrang war damals noch keine Rede –, hat ihre Population rasend schnell zugenommen, denn die Säue sind ganz wild auf Kastanien.

Apropos: Sollten Sie Schwarzkitteln lieber auf dem Teller als in freier Wildbahn begegnen, kosten Sie *salametto di cinghiale*, Wildschweinsalami, oder *spaghetti con ragù di cinghiale*. Und wer wie Adam und Eva im Paradies und die vegetabilischen Lebensreformer auf dem vermeintlich paradiesischen Berg auf den Verzehr von Fleisch verzichtet, könnte, obgleich natürlich auch Alkohol auf dem Monte Verità verpönt war, wenigstens an einem Glas rotem Merlot der Weinkellerei Poggio del cinghiale nippen. *In vino veritas!*

Willkommen im Triassic Park!

Im Wasser schwimmen Haie mit Stacheln an den Flossen, eine merkwürdige Echse mit drei Meter langem Hals hält Ausschau nach Beutetieren, und am Ufer, dessen Landschaft wie die der Bahamas anmutet, lauert im Monsunregen ein Krokodil. Das ist weder die Szenerie des neuesten »Jurassic Park«-Sequels noch ein dem übermäßigen Genuss von Kastanienlikör geschuldeter Tagtraum, sondern beschreibt Tessiner Realität – zur Zeit der Mitteltrias vor rund 240 Millionen Jahren.

Genauer betrachtet, kriecht da freilich kein Krokodil, sondern da sprintet sein Urgroßvater namens *Ticinosuchus ferox* (»wildes Krokodil aus dem Tessin«). Ein dank fast senkrecht unter dem Körper stehender Beine schnell laufender Räuber von zweieinhalb Metern Länge aus der Gruppe der Rauisuchier, Vorfahren sowohl der heutigen Krokolederlieferanten als auch der Dinos, deren Actionstars wie der *Tyrannosaurus rex* oder der *Triceratops* die Weltbühne erst 175 Millionen Jahre später betraten. Und bei seinem langhalsigen Kollegen handelt es sich um einen *Tanystropheus*, sinnigerweise auch Giraffenhalssaurier genannt.

Wo einst die Wellen schwappten, Fischsaurier Kraken jagten und Pflasterzahnsaurier Muscheln knackten, erhebt sich heute der Monte San Giorgio, ein aufgewölbtes Stück urzeitlichen Meeresbodens. Der 1097 Meter hohe, zwischen den beiden südlichen Armen des Luganersees gelegene Berg gilt als eine der bedeutendsten Fossillagerstätten der Erde und gleicht einem offenen Buch, in dem man lesen kann, wie sich das Leben vor 247 bis 235 Millionen Jahren entwickelt hat. Fünf übereinanderliegende Gesteinsschichten mit ausgezeichnet erhaltenen Skeletten von Reptilien und Fischen ermöglichen die evolutionäre Studie bestimmter Organismengruppen, die über mehrere Millionen Jahre in derselben Umgebung vorkamen – weltweit einzigartig!

Damals erstreckte sich im Osten des Superkontinents Pangäa die Tethys, ein Urmeer, dessen Ränder die heutigen Kontinente Asien, Europa, Afrika und Australien bildeten. Am westlichen Ende des Ozeans, wo Inseln, Riffe und Kalksandbarrieren Lagunen vom offenen Meer trennten, entwickelte sich eine reiche Fauna aus Wirbellosen, Knorpel- und Knochenfischen sowie ans aquatische und amphibische Leben angepassten Reptilien. Starben die Tiere, sanken ihre Kadaver in die sauerstofflose Tiefe der subtropischen See ab, wo sie, für Aasfresser unerreichbar, nur unvollständig verwesten und von Schlick überdeckt wurden. Das Sedimentgestein wuchs im Laufe der Zeit zu Schichten von Hunderten Metern Mächtigkeit heran, der gewaltige Druck presste alles zusammen, die Überreste fossilierten.

Die ersten Ausgrabungen durch das Museo Civico di Storia Naturale di Milano und die Società Italiana di Scienze Naturali fanden im 19. Jahrhundert auf italienischem Boden statt, wo man in Besano beim kommerziellen Abbau von bitumenhaltigem Schiefer auf erstaunlich gut erhaltene Fisch- und Reptilienreste gestoßen war. 1919 entdeckte Bernhard Peyer, ein junger Privatdozent der Universität Zürich, in einem Materialhaufen der Tessiner Ölfabrik Spinirolo die versteinerte Vorderflosse eines Ichthyosauriers, und fünf Jahre später begann man mit einer Reihe wissenschaftlicher Exkavationen. Sie förderten über 10 000 Funde zutage, darunter bis anhin unbekannte Gattungen, denen man meist Namen mit lokalem Bezug gab. Ein kurzschnäuziges Reptil mit langen, spitzen Zähnen taufte man *Helveticosaurus*, einen vier Meter langen, eleganten Schwimmer *Ceresiosaurus*. Den wasserschildkrötenähnlichen, spitzzahnigen *Cyamodus hildegardis* benannte Peyer indes nach seiner Verlobten Hildegard Amsler, die sich offenbar geschmeichelt fühlte: Die beiden heirateten und schenkten fünf Kindern das Leben. Bis heute wurden auf dem Schweizer Areal des Monte San Giorgio, das 2003, wie sieben Jahre später auch der italienische Teil, von der UNESCO zum Weltnaturerbe erklärt wurde, Fossilien Hunderter Tier- und Pflanzenspezies in mühsamer Handarbeit aus dem Fels geborgen, darunter etwa dreißig Reptilien- und achtzig Fischarten.

Zweihundert versteinerte Lebewesenreste zeigt im Original oder als Abguss das in einem alten Patrizierhaus untergebrachte, 2012 nach einem erweiternden Umbau durch den Tessiner Stararchitekten Mario Botta in neuer Gestalt eröffnete Museo dei fossili del Monte San Giorgio im

Dorfzentrum von Meride – betont auf der ersten Silbe, also Méride, und nicht zu verwechseln mit dem zehn Kilometer nördlich gelegenen Melide. Empfangen werden die Besucher im modernen Atrium von der Plastik eines *Ticinosuchus*. Im ersten Stock sind die ältesten Fossilien der Besano-Formation ausgestellt, im zweiten die etwas jüngeren der Meride-Formation, und im obersten Geschoss zeigt man aus der Epoche des Jura stammende Funde aus den Steinbrüchen von Arzo. Zu Ruhm kam dieser heutige Ortsteil von Mendrisio im 17. Jahrhundert durch seinen bunten Marmor (für Korinthenkackende: eigentlich eine sedimentäre Brekzie), der die Altäre der Dome von Como und Mailand schmückt, und teilweise Fossilienfragmente von Seelilien, Korallen und Meeresschwämmen sowie versteinerte Haizähne aufweist.

Das erstmals 852 erwähnte Meride, das unberührteste und am besten erhaltene Dorf im Mendrisiotto, seit 2013 ebenfalls Teil der Stadt Mendrisio und von dieser in zwanzig Minuten mit dem Bus erreichbar, ist Ausgangspunkt eines 13 Kilometer langen geopaläontologischen Rundwegs vorbei an knorrigen Eichen, stattlichen Hain- und Hopfenbuchen, Alpenveilchen und Christrosen, vor allem aber an zwölf didaktischen Schautafeln, die in italienischer und englischer Sprache die komplexe Geschichte des nach dem Drachentöter Georg benannten Bergs erläutern. Die etwa vierstündige Wanderung rund um den pyramidenförmigen Monte San Giorgio beginnt an der auf einem ehemaligen Burghügel oberhalb des Dorfes gelegenen Chiesa di San Silvestro. Auch diese Kirche ermöglicht übrigens eine virtuelle Zeitreise, zwar nicht durch Jahrmillionen, aber immerhin durch mehrere Jahrhunderte der

Architekturgeschichte: Der in die Westfassade integrierte Turm ist romanischen Ursprungs, den Chor ziert ein spätgotisches Fresko, und den von Renaissancesäulen unterteilten Innenraum schmücken barocke Stuckaturen mit Putten und Blattranken.

Der Rundweg führt zunächst über Fontana nach Spinirolo, wo schon von Weitem ein alter Ziegelsteinschlot, der heute das Zentrum eines ökologischen Lehrbauernhofes bildet, an die industrielle Nutzung des Monte San Giorgio erinnert. 1910 eröffnete hier die neu gegründete Società Anonima Miniere Scisti Bituminosi di Meride e Besano eine Ölfabrik. Das durch trockene Destillation aus dem im Bergwerk »Tre Fontane« abgebauten bituminösen Tonstein, vulgo: Ölschiefer, gewonnene dunkle, zähe Öl wurde von der pharmazeutischen Industrie weiterverarbeitet. Die von der Basler Adroka AG vertriebene Bitumensalbe Saurolo, deren Verpackung ein Ichthyosaurier zierte, besaß eine antiseptische Wirkung und diente zur Behandlung von Hautkrankheiten bei Tieren.

Vorbei an der kleinen Ädikula von Crocefisso geht es zur Grabungsstelle »Acqua del Ghiffo«, wo man zwischen 1994 und 2005 zahlreiche perfekt erhaltene Fossilien entdeckte, weiter zur Bergstation der Seilbahn Brusino-Serpiano (welche Sie, sollte Sie die Wanderlust mittlerweile verlassen haben, in nur vier Minuten hinunter an den Luganersee bringt) und nach einem leichten Aufstieg zum inmitten von jahrhundertealten Kastanienbäumen gelegenen Grotto Alpe di Brusino mit herrlicher Aussicht und einfacher Küche. Auf dem Weg nach Gaggio gilt es, weitere hundert Höhenmeter zu überwinden, dann erreicht man Pozzo, wo Sie vom Rundweg links abzweigen und einen Umweg über das am Seeufer gelegene Riva San Vitale machen sollten, um das dem heiligen Johannes geweihte Baptisterium aus dem 5. Jahrhundert zu besuchen. Es basiert auf einer Konstruktion aus römischer Zeit und ist das älteste christliche Bauwerk der Schweiz. Im achteckigen Innenraum befindet sich ein monolithisches, zum Untertauchen geeignetes Taufbecken, wertvolle romanische Fresken schmücken die Nischen und Säulen.

Von dort können Sie wieder hinaufsteigen zum geopaläontologischen Rundweg, auf dem Sie zur winzigen Kapelle des seligen Manfredo Settala gelangen, eines Mailänder Adligen, der bis zu seinem Tod 1217 ein beschauliches Leben als Einsiedler auf dem Monte San Giorgio führte. Seine Reliquien werden heute in einer hölzernen Urne unter dem Hauptaltar der Pfarrkirche in Riva San Vitale aufbewahrt, wo man zu seinem Gedenken alljährlich an einem Samstagvormittag im Januar rund 1600 Brotlaibe segnet und an die Bevölkerung verteilt – Manfred, der sich selbst ausschließlich von Kräutern ernährte, soll während einer Hungersnot auf wundersame Weise Steine in Backwaren verwandelt haben. Hungern auch Sie, biegen Sie am besten an der Kapelle in Richtung Süden ab. Vorbei an Weinreben gelangen Sie nach 350 Metern zum am Waldrand gelegenen Antico Grotto Fossati, wo man Sie mit Steinpilzpolenta, grillierten Schweinswürstchen, Rinderschmorbraten, Wachteln in Weißwein und anderen authentischen Gerichten zu fairen Preisen verwöhnt – im Frühjahr auch mit im Ofen gebackenem Zicklein, im Herbst mit Wildschweineintopf…

Sollten Sie unterwegs versucht sein, jeden Stein einzeln umzudrehen in der Hoffnung, eine Versteinerung zu entdecken, die künftig den Kaminsims Ihres trauten Heimes zieren möge, seien Sie doppelt gewarnt: Zum einen könnte sich darunter ein kleiner Skorpion der Art *Euscorpius alpha* verbergen, der aber in der Regel erst mit den Scheren zwickt, bevor er mit seinem Giftstachel sticht – und selbst das wäre schmerzhaft, aber unbedenklich, obschon allergische Reaktionen nicht ausgeschlossen sind. Zum zweiten ist das Suchen und Sammeln von Fossilien gemäß dem kantonalen Naturschutzgesetz vom 12. Dezember 2001 im gesamten Tessin verboten. Ausnahmen bewilligt der Staatsrat nur zu wissenschaftlichen Zwecken, zufällige Funde müssen dem Museo cantonale di storia naturale in Lugano gemeldet werden. Seit etlichen Jahren verhindern patrouillierende Ranger und möglicherweise auch Rangerinnen mit Erfolg Raubgrabungen, wie sie früher nicht selten vorkamen – der Schwarzhandel mit Fossilien ist ein einträgliches Geschäft, mit einem meterlangen Fischsaurier erzielt man locker 100 000 Schweizer Franken.

Vielleicht aber beschränkt sich Ihr Interesse an totem Tier ja auf überbackene Jakobsmuscheln und Simmentaler Rib-Eye-Steaks vom Grill, und Sie bevorzugen ansonsten putzige Geschöpfe in der Blüte ihres irdischen Daseins. Auch in diesem Fall wird Ihr Herz bei einem Spaziergang durch die Wälder des Monte San Giorgio bum-budi-bum schlagen, erfreut Sie doch unterwegs allerlei Kreuchendes und Fleuchendes wie Erdkröten, Höhlenkreuz- und Wespenspinnen, Orpheusspötter und Gottesanbeterinnen beiderlei Geschlechts. Sie brauchen sich nicht im Übermaß zu ängstigen, sollten Sie einer Aspisviper begegnen – tödlich verlief der Biss einer einheimischen Schlange in der Schweiz letztmals im Jahr 1961. Mit etwas Glück sehen Sie ein Exemplar der größten und schicksten Schweizer Echsenart, der Smaragdeidechse, die eine Gesamtlänge von gut 35 Zentimetern erreicht – falls sie den Schwanz nicht bei Paarungskämpfen oder Feindkontakt verloren und nur unvollständig regeneriert hat – und mit einem smaragdfarbenen Kopf und einem grasgrünen Körper besticht.

Möchten Sie einen lebenden *Ichthyosaura alpestris* begutachten, könnten Sie, sofern Ihre Kondition den steilen Aufstieg von Brione erlaubt, zum westlich des Verzascatals auf 1875 Metern über dem Meeresspiegel gelegenen Lago del Starlarèsc da Sgióf wandern. Nun gut, Bergmolche findet man allerorten, dort aber lebt eine extrem seltene Unterart, die den kleinen, mit bis zu zehn Metern ungewöhnlich tiefen See am Ende der letzten Eiszeit, also vor ungefähr 11 700 Jahren, kolonisiert hat: pädomorphe Molche, die wegen eines Defekts der Schilddrüse die Geschlechtsreife erreichen, ohne ihre äußere Larvengestalt zu verändern.

Vermutlich bescheiden Sie sich jedoch wie ich mit völlig ordinären Molchen, und sollten Sie auch in Bezug auf die nicht zu unterschätzenden Gefahren übermäßiger Körperertüchtigung mit mir einer Meinung sein, rate ich Ihnen dringlichst zum deutlich weniger strapaziösen Besuch der blubbernden Sümpfe im Mündungsgebiet der Flüsse Ticino und Verzasca. Vergessen Sie aber nicht, sich gegen Mücken zu schützen; auch invasive Arten wie die als blinder Passagier in Flugzeugen oder Schiffscontainern eingereiste tagaktive Tigermücke suchen hier Opfer. Die Bolle di Magadino sind das größte Feuchtgebiet der Schweiz und erfreuen sich insbesondere in gefiederten Kreisen enormer Beliebtheit. Neben Molchen, Fröschen, Sumpfschildkröten und

Wasserschlangen beherbergen sie 300 Vogelarten, darunter Blässhühner, Enten, Kormorane und allerlei Zwergiges wie Zwergdommeln, Zwergohreulen, Zwergschnepfen und Zwergsumpfhühner. Man hört den süßen Schall der Nachtigall, den ausdauernden, aber eher bescheidenen Gesang der Rohrammer, dem die Redensart »schimpfen wie ein Rohrspatz« geschuldet ist, das traurig flötende »Tiu« des Flussregenpfeifers und das klangvolle »Büloo-büloo« des Pirols, welchem das Adelsgeschlecht von Bülow sein Wappentier und damit der verehrte Vicco von Bülow seinen Künstlernamen verdankte – *loriot* ist der französische Name dieses gelb-schwarzen Vogels.

Viele Zugvögel schlagen sich in der Auenlandschaft noch einmal den Bauch voll, bevor sie den kräftezehrenden Weiterflug über die Alpen oder in den Süden antreten. Mit etwas Glück erspähen Sie den an Kopf und Rücken kobaltblau bis türkisfarben schillernden, am Bauch orangebraunen Eisvogel oder können den scheinbar akribisch einstudierten Paartanz der Haubentaucher beobachten, bei dem Requisiten aus der Unterwasserwelt wie Seegrasbüschel zum Einsatz kommen und der in der sogenannten Pinguinpose gipfelt: Durch rasches Paddeln der Füße heben sich die beiden Balzenden nahezu senkrecht aus dem Wasser und zeigen bei ihrer Performance eine Eleganz, angesichts derer man sich unwürdig im Staub wälzen wollen würde – wäre da nicht nur Nass. In diesem schwimmt übrigens überaus Schmackhaftes namens Egli (in der Bundesrepublik unter dem Pseudonym Flussbarsch tätig), Forelle, Hecht und Zander sowie gelegentlich ein badendes Reh, dessen mit Knoblauch und Zwiebeln angebratene Leber formidabel von einer mit Rosmarin und Thymian aromatisierten

Polenta begleitet würde. Bis 1974 holten die Einheimischen tatsächlich Fische für den samstagabendlichen Holzkohlegrill oder Enten, die sie dann sonntags mit süßsaurer Sauce servierten, aus den Bolle, seither ist das Jagen und Fischen strengstens verboten.

Erkunden lässt sich diese einzigartige Pflanzen- und Tierwelt im Norden des Lago Maggiore auf gekennzeichneten Naturlehrpfaden mit erhöhten Beobachtungsposten und Informationstafeln in Italienisch, Deutsch und Englisch. Sie können sich aber auch in einem Weidling durch eines der letzten natürlichen Flussdeltas Helvetiens rudern lassen, und das – man staune angesichts des verbreiteten Vorurteils von der schweineteuren Schweiz – sogar kostenlos. Durchgeführt wird die 45-minütige Tour im Juli und August immer montag- und donnerstagvormittags je dreimal für maximal sieben Personen. Kein Wunder also, dass sie meist lange im Voraus ausgebucht ist. Melden Sie sich frühzeitig beim Tourismusbüro von Gambarogno an, wenn Sie zu den 350 Glücklichen pro Saison gehören wollen.

Übers Wasser schippert Sie Marco Nussbaum. Der 1954 in Locarno geborene Tausendsassa ist gelernter Grafiker, war persönlicher Assistent des poetischen Clowns Dimitri, wurde 1984 einer der ersten Snowboardlehrer in St. Moritz, stand als Skiakrobat für Willy Bogners »Feuer und Eis« vor der Kamera, unterrichtete als Windsurf- und Skilehrer die High Snobiety, designte und produzierte Skimodelle – und gehört zu den wenigen, die die Bewilligung besitzen, die Bolle di Magadino mit einem Boot zu befahren. Ihren Namen verdankt die Auenlandschaft den Methangasen, die durch den Gärungsprozess am Seegrund austreten und Blasen, auf Italienisch *bolle*, bilden. »Es gibt aber auch noch eine andere Erklärung für den Namen«, weiß Nussbaum. »Ein *bollo* ist ein Stempel, wie man ihn zum Beispiel für Briefmarken benutzt, und früher mussten die Transportkutschen, wenn sie über den Ticino setzten, eine Stempelgebühr bezahlen.«

Obwohl die aus Wäldern mit Silberweiden, Pappeln und Weißerlen, Streu- und Feuchtwiesen, Schilf- und Moorbiotopen, kleinen Teichen und Sandbänken bestehenden Bolle di Magadino seit 1974 unter Schutz stehen, war diese Naturlandschaft von europäischer Bedeutung lange Zeit nicht ungefährdet. Erst 2007 wurde der Betrieb des Kieswerks Silos Ferrari mitten im Ticinodelta nach jahrzehntelangem Ringen eingestellt, und man startete ein aufwendiges, unter anderem vom WWF initiiertes Renaturierungsprojekt. Heute scheint die geplante Pistenverlängerung des am Rande des Feuchtgebietes liegenden, für die Region wirtschaftlich bedeutenden Flugplatzes Locarno problematisch und ebenso die von den Italienern angestrebte Regelung des Seepegels, der im Frühling um rund einen halben Meter erhöht wäre und einige Gebiete des Tessiner Auenlandes monatelang unter Wasser setzen würde. »Ich sehe da überhaupt keine Gefahr«, meint hingegen Nussbaum. »Dass man die Piste in Richtung des Sumpfgebietes verlängert, halte ich für ausgeschlossen. Und was den Wasserpegel anbelangt: Mal sinkt er, weil gerade enorme Wassermengen für die Bewässerung der Reisfelder in der Poebene benötigt werden, und die Vögel finden sehr viele Brutplätze, mal steigt er an. Seit ich hier lebe, bewegt er sich immer mal um einen Meter oder mehr.«

Ein besonderes Anliegen ist es Nussbaum, die außergewöhnliche Geschichte des noch jungen Naturschutzgebietes zu vermitteln. »Es ist doch lediglich das 300 Hektar große Überbleibsel eines noch viel umfangreicheren Überschwemmungsareals, das einst bis zum Bleniotal, der Leventina und dem Misox reichte, aber austrocknete, als man ab 1888 den mäandernden Ticino kanalisierte?« Meine Frage scheint Nussbaum offenbar zu zivilisationskritisch. »Nicht alle Eingriffe des Menschen bringen etwas Negatives. Ohne die Kanalisierung, die die Kultivierung der Magadinoebene möglich machte und sich bis 1939 hinzog, stünden im Mündungsgebiet gar keine Bäume. Früher war der Fluss drei Kilometer breit und hat alles in den See gespült, was er mit sich trug. Wir besitzen alte Fotos, auf denen man an der Ticinomündung, die mal südlicher lag, dann wieder mehr in Richtung Tenero, nur Sand sieht, nichts als Sand. Gut, vielleicht gab es zwei, drei Vögelchen, aber gebrütet haben sie sicher woanders. Erst nach der Kanalisierung konnten links und rechts des Flusses Bäume wachsen, und so entstand nach und nach diese einzigartige Auenlandschaft.«

Tatsächlich wie im Auenland der Hobbits kann man sich in der märchenhaften Val Bavona fühlen, einem nach wie vor nicht ans Stromverteilernetz angeschlossenen Nebental der hinteren Valle Maggia. Der spektakuläre, laut neuester Vermessung 110 Meter hohe Wasserfall beim Weiler Foroglio, welcher im Sommer rund hundert, im Frühjahr und Herbst höchstens zehn und im Winter exakt null Einwohner zählt, diente tatsächlich als Filmkulisse. Nicht für die »Herr der Ringe«-Trilogie, sondern, ein Menschenleben früher, für den mystischen Bergfilm »Das blaue Licht«, die erste Regiearbeit der 29-jährigen Leni Riefenstahl, die auch Drehbuch, Produktion und Schnitt (mit-)verantwortete und zudem die Hauptrolle der Junta übernahm. Es wird behauptet, Charlie Chaplin sei entzückt gewesen und habe sich von ihr zur Figur der Landstreicherin in »Moderne Zeiten« inspirieren lassen (dargestellt von seiner Ehefrau Paulette Goddard, die nach dem Krieg, verehelicht mit Erich Maria Remarque, vier Jahrzehnte lang in Porto Ronco wohnte). Ein anderer Stummelbartträger jedenfalls zeigte sich von der ehrgeizigen Künstlerin definitiv angetan – wohin wiederum deren Begeisterung für den Führer führte, ist hinlänglich bekannt. Auch Peter Jackson rezipierte ihre Ästhetik; ohne Riefenstahls Vorbild sähen die Massenszenen der »Herr der Ringe«-Filme womöglich anders aus.

Natürlich konnte man 1931 in Foroglio noch nicht wissen, dass die taffe Leni die umstrittenste Regisseurin aller Zeiten werden würde. In der kleinen, bereits seit 1928 existierenden Osteria, gleich bei der Brücke über die Bavona, heißt es, man sei froh gewesen, als nach der Abreise der Filmcrew wieder ein ruhigeres Leben Einzug hielt. Dennoch werden im Kaminsaal im ersten Stock ein paar Fotografien der Dreharbeiten ausgestellt, und man ist stolz, dass die Riefenstahl 1974 bei einem neuerlichen Besuch ins Gästebuch schrieb: »Foroglio ist immer noch so schön.« Ich finde, wenn man mit Blick auf den romantischsten Wasserfall der Schweiz eine hausgemachte *torta di pane* schnabuliert, muss man nicht zwangsläufig der »Reichsgletscherspalte« gedenken. Dafür kommt mir unweigerlich das Auenland in den Sinn, denn *ristorante* wie *cascata* wurden nach dem berühmtesten Hobbit Frodo benannt. Doch halt, mit Brille lese ich: »La Froda«. Aber man weiß ja, dass Frodo vom altenglischen Namen Fróda abgeleitet wurde.

Nicht, dass Sie nun glauben, ich sammelte solch weltbewegende Informationen auf Zetteln und heftete sie mit Reißzwecken an die Wände wie weiland Herr Geiser, der Protagonist von Max Frischs Erzählung »Der Mensch erscheint im Holozän« entworfen nach dem Vorbild des eremitisch in Auressio lebenden Objektkünstlers Armand Schulthess: Der Wissensmessie beschrieb Tausende kleiner Blechtafeln mit aus Büchern und Zeitungen gesammelten Fakten.

Geiser wird in seinem Häuschen im Onsernonetal durch ein nicht enden wollendes, sintflutartiges Gewitter von der Umwelt abgeschnitten, steigert sich in Katastrophenszenarien hinein und entwickelt die fixe Idee der Rückverwandlung in einen Lurch. Nur einer Sache ist er sich gewiss: »Saurier hat es im Tessin nie gegeben.« Wäre er besser mal um den Monte San Giorgio spaziert …

Es leuchten die Mercedessterne

»Lass uns träumen am Lago Maggiore, wo das Glück deine Wünsche erfüllt«, schlug Rudi Schuricke, der umjubelte Troubadour der Herzen, 1950 vor und weckte bei den Nachkriegsdeutschen die anhaltende Sehnsucht nach Ferienglück im unzerbombten Süden. »Lago Maggiore, du bist mein Freund, du hast so oft schon Pärchen vereint«, sang Conny Froboess zehn Jahre später auf der Kinoleinwand, »Lago Maggiore, Traumparadies, See der Verliebten, zärtlich und süß«.

Gedreht wurde der harmlos-nette Schlagerfilm »Conny und Peter machen Musik« jedoch am Luganersee, unter anderem vor der Kulisse des Hotels Splendide Royal. Die hübsche Conny lernt bei einem Fahrradunfall den als Kellner jobbenden Peter kennen, dargestellt vom rockenden Teenageridol Peter Kraus, und klärt mit ihm eine Serie von Diebstählen im Hotel ihres von Gustav Knuth gespielten Onkels auf. Als dessen Sekretärin tritt Johanna König in Erscheinung, die dann jahrzehntelang als Klementine ein nicht nur sauber, sondern rein waschendes Pulver bewarb; die umwerfende, mehr an Männern als an Schokolade interessierte Trude Herr gibt eine ehemalige »Miss Nordsee«. Nach etlichen Irrungen und Wirrungen wird Peter mit einem Dreijahresvertrag belohnt und Conny mit einem Cabrio beschenkt.

Entkommen konnte der deutsche Kinobesucher in den 1950er- und 1960er-Jahren der Südschweiz schwerlich. »Die ganze Welt singt nur Amore« oder »Lieder klingen am Lago Maggiore« hießen die dort gedrehten Streifen. Dieter Borsche und Will Quadflieg buhlten in »San Salvatore« um dieselbe Frau, O. W. Fischer wurde in »Scheidungsgrund: Liebe« zur Ehe verführt, Marianne Hold und Paul Hubschmid schmachteten in »Isola Bella«, und selbst Mamas Liebling Heintje machte sich auf den Weg ins Tessin: »Ein Herz geht auf Reisen«.

Mindestens ebenso wichtig aber war in der Wahrnehmung der Wirtschaftswunderdeutschen, die nur wenige Gegenden ähnlich begeistert bereisten, die Tatsache, dass ein beträchtlicher Teil ihrer Filmlieblinge auch realiter die helvetische Sonnenstube bevölkerte. Bereits drei Jahrzehnte zuvor hatten sich die größten Kassenmagneten der Weimarer Republik im Tessin niedergelassen. Fritzi Massary, die ungekrönte Königin der Operette und dank ihrer erotischen Ausstrahlung, gepaart mit graziler Damenhaftigkeit und unwiderstehlichem Charme, das Idol einer ganzen Epoche, übersiedelte 1932 von der Spree auf die Abendsonnenseite des Luganersees, ins 330-Seelen-Dorf Bissone. Dort hatte seit einigen Jahren Alexander Moissi seinen Hauptwohnsitz, der berühmteste Bühnenschauspieler im deutschsprachigen Raum, und der bestbezahlte dazu, ein kosmopolitischer Frauenschwarm, der wie ein Popstar verehrt wurde. Gleichfalls anno 1932 zog Fritz Kortner, als prototypischer Repräsentant eines modernen republikanischen Theaters stürmisch gefeiert, nach Ascona, das man, nicht unkritisch, den »äußersten Vorort Berlins« nannte. Sie alle suchten selbstverständlich nicht nur die Sonne des Südens, sondern wollten dem erstarkenden Antisemitismus in Deutschland und den Anfeindungen durch die immer mächtiger werdenden Nationalsozialisten entfliehen. Im selben Jahr erwarb Erich Maria Remarque die Casa Monte Tabor in Porto Ronco, der Dichter Albert Ehrenstein übersiedelte nach Brissago, und Richard Katz, der meistgelesene Reiseschriftsteller seiner Zeit, erstand ein schmuckes Häuschen in Locarno-Monti.

Nach der nationalsozialistischen Machtübernahme 1933 galt das Tessin dann als eines der bedeutendsten Zentren der Emigration. »Wie leben die Juden im Exil von Ascona?«, titelte das Naziblatt *Der Angriff* 1934. Doch jenes Leben verlief für die meisten weit weniger glamourös, als die Hetzartikel behaupteten. Tilla Durieux, die am häufigsten gemalte Schauspielerin ihrer Epoche, ausdrucksstark in Szene gesetzt von Max Slevogt, Lovis Corinth, Oskar Kokoschka, Max Liebermann, Pierre-Auguste Renoir, Franz von Stuck und anderen, hatte sich 1933 in Ascona angesiedelt, doch wurde im Jahr darauf die Aufenthaltsbewilligung ihres Ehemannes Ludwig Katzenellenbogen nicht verlängert, die beiden zogen nach Zagreb. Else Lasker-Schüler fühlte sich gefangen und bespitzelt, umgeben von »Kleinspießern« und »Klatschmenschen«; von einem Aufenthalt in Palästina kehrte sie 1939 nicht zurück, da ihr die Schweizer Behörden das Visum verweigerten. Bruno

Frank, Leonhard Frank, René Schickele, Ernst Toller, Wilhelm Speyer und Victoria Wolff machten im Tessin Station, Albert und Else Bassermann, Paul Klee, Hermann Scherchen, Bruno Walter und viele andere. »Die Schweiz ist ein Land, das berühmt dafür ist, dass Sie dort frei sein können. Sie müssen aber Tourist sein«, schrieb Bertolt Brecht, der sich kurze Zeit in Carona aufhielt, in den »Flüchtlingsgesprächen«. Den meisten Emigranten wurde ein striktes Arbeitsverbot auferlegt, um sie zur Weiterreise zu bewegen. Wer allerdings im Arbeitslager interniert wurde, musste Steine buckeln und Dämme an der Verzasca oder in der Magadinoebene bauen, wie der Schriftsteller Fritz Hochwälder, 1941/42 Insasse des *campo di lavoro* in Gordola. Als ein Zürcher Arzt für ihn bürgte, erhielt er Urlaub und konnte in einem Holzhäuschen in Ascona sein Schauspiel »Das heilige Experiment« beenden – ein Welterfolg und 1986 Vorlage für den Hollywoodstreifen »The Mission« mit Robert De Niro und Jeremy Irons.

In den Fokus der Klatschpresse rückte das Tessin erst Ende der 1950er-Jahre wieder, als es von einem wahren Star-Tsunami überrollt wurde – eine Welle deutscher Sterne wohlgemerkt, die Weltprominenz des Films wie Charlie Chaplin, Peter Ustinov, Richard Burton oder Audrey Hepburn bevorzugte die Gestade des Genfer Sees.

Karlheinz Böhm verlagerte 1958 seinen Wohnsitz von München ins 600 Meter über Lugano gelegene Bergdorf Cureggia, wo er ein altes Bauernhaus erworben hatte, Hardy Krüger fühlte sich in Gandria wohl, Romy Schneider lebte ab 1959 zumindest offiziell in Vico Morcote. Im selben Jahr ließ Peter Alexander die Casa La Sorgente in

Morcote-Arbostora erbauen, ein zuoberst am Hang gelegenes Zehnzimmeranwesen mit Schwimmbad und eigenem Wäldchen. Ebenfalls im Jahr 1959 übersiedelte der mit seinen Hollywoodmelodramen stilbildende Douglas Sirk nach Ruvigliana, und Kurt Hoffmann, mit Filmen wie »Ich denke oft an Piroschka«, »Wir Wunderkinder« und »Das Wirtshaus im Spessart« der Starregisseur des bundesdeutschen Nachkriegskinos, errichtete ein Landhaus in Biogno. Gert Fröbe erstand erst ein bescheidenes Heim in Caslano, dann ein feudales Besitztum in Viganello. O. W. Fischer, der bestbezahlte aller deutschen Akteure, bezog 1960 im 350 Einwohner zählenden Dörfchen Vernate sein neu erbautes Castello dei pescatori (»Fischer-Burg«), einen lichtdurchfluteten Bau mit elektrisch versenkbaren Fensterscheiben, umgeben von einem sich über 14 000 Quadratmeter erstreckenden, mit hohen Mauern vor Blicken geschützten Park – nach Fischers Tod 2004 erbten je zur Hälfte der Tierschutzverein La Stampa von Lugano und die theologische Fakultät der Tessiner Universität. Deutschlands sehnsüchtigster Seefahrer Freddy Quinn wurde 1962 Besitzer eines Häuschens in Tenero am Langensee. In Ascona wohnten neben vielen anderen der international geschätzte Filmregisseur Robert Siodmak und der »Zaubergeiger« Helmut Zacharias, in Brissago die schon etwas in die Jahre gekommenen Filmbonvivants Willi Forst und Gustav Fröhlich, in Castagnola der lustige Walter Giller und seine schöne Frau Nadja Tiller – und so ging es im ABC der Orte munter weiter und weiter und weiter …

Als einer der Letzten dieser Generation ist Carl Schell dem Tessin erhalten geblieben. Er blickt auf eine internationale Karriere zurück, die freilich von den Welterfolgen seiner großen Schwester Maria und seines kleinen Bruders Maximilian überschattet wurde. »Eigentlich war ich für die Rolle im ›Urteil von Nürnberg‹ vorgesehen, für die dann Max den Oscar erhielt, doch die Produzenten haben uns verwechselt«, erzählt mir im Frühjahr 2018 der Neunzigjährige in seinem Alterssitz in Locarno-Monti. Der Blick aus der großzügigen Wohnung über den See imponiert, doch Schell trauert seiner unzählige Male in Illustrierten abgebildeten Casa Esperanza in Brissago nach, deren 6000 Quadratmeter großen, seinerzeit in etlichen Reiseführern erwähnten Garten 140 verschiedene Palmenarten schmückten, mehr als auf den Brissago-Inseln zu bewundern sind. Wie hat es ihn ins Tessin verschlagen? »Wir sind 1971 hergekommen«, ergreift Schells Frau und Kollegin Stella Mooney das Wort. »Wir hatten Dreharbeiten zur Krimiserie ›Butler Parker‹ in Arosa, wo ich bei 24 Grad unter Null im Bikini in der Sonne liegen musste, und eine Woche später filmten wir keine 150 Kilometer Luftlinie entfernt am Lago Maggiore und saßen bei 18 Grad plus auf der Piazza in Ascona. ›Hier möchte ich leben‹, habe ich zu meinem Mann gesagt, wir haben ein Haus gesucht und gefunden.« Was macht das Tessin so attraktiv – außer dem Wetter? »In der Schweiz bleibt man als Prominenter unbehelligt, die Leute wissen, dass wir in Ruhe gelassen werden wollen. Dann die Sicherheit! Italien ist wunderschön, um Urlaub zu machen, aber dort leben? Bei uns ist noch nie eingebrochen worden, hier kann ich abends alleine weg, mit Schmuck und im Pelz, in Italien hätte ich Bedenken. Die Schweizer Zuverlässigkeit, es funktioniert einfach alles. Die Qualität, es kostet mehr, aber das Niveau, zum Beispiel der Krankenhäuser, ist ein anderes.« Vorsichtig wage ich zu fragen, ob auch steuerliche Gründe für die Wahl des Wohnsitzes ausschlaggebend gewesen seien. »Natürlich. Wenn man nur noch für den Staat arbeitet, macht es keinen Spaß.«

Selbstverständlich umfasst die Liste derer, die sich weniger wegen des mediterranen als vielmehr wegen des angenehmen fiskalischen Klimas vom Tessin angezogen fühlten, nicht nur die Namen von Stars und Sternchen, sondern auch die millionenschwerer Industriemagnaten. Für Schlagzeilen sorgte »Don Alfonso«: Der deutsche Herrenmodenfabrikant Alfons Müller-Wipperfürth entzog sich 1959 einer Verhaftung wegen des Verdachts der Steuerhinterziehung durch Flucht ins Tessin und regierte künftig seinen Konzern mit 8000 Beschäftigten und einem dreistelligen Millionenumsatz per Fernschreiber aus seinem Refugium in Montagnola.

Überaus clever war der Düsseldorfer Warenhausmilliardär Helmut Horten. Er übersiedelte 1968 nach Croglio (in eine neu erbaute Villa im mediterranen Stil mit 1390 Quadratmetern Wohnfläche, kolossalem Hallenbad, Kino und Kegelbahn, dazu Nebengebäude mit 2100 Quadratmetern für Gäste, Personal und Büros, gelegen auf einem 100 722 Quadratmeter großen Grundstück) und ersparte sich so beim Verkauf seiner Konzernmajorität, eines Aktienpakets im Werte von 875 Millionen Mark, rund 450 Millionen Mark Steuern, die in Deutschland fällig geworden wären. Da ausländische Steuerpflichtige, die keine Erwerbstätigkeit in der Schweiz ausüben, statt einer regulären Einkommens- einer Aufwandbesteuerung unterstellt werden können, bezahlte er fortan jährlich gerade mal eine Million Franken – je zur Hälfte an den Kanton und die bis dahin arme Tessiner Gemeinde, die den *grande tedesco* als Wohltäter pries, sich im Laufe der Jahre eine neue Schule und einen neuen Kindergarten leistete, eine neue Kanalisation und neue Wasserleitungen. Als dann Hortens Witwe und Erbin Heidi 2002 ihr auf 2,5 Milliarden geschätztes Vermögen nach Österreich transferierte, befürchtete man den Kollaps der Kommunalfinanzen …

Ein bemerkenswert beliebtes Steuerelysium war die 1,7 Quadratkilometer kleine, vom italienischen Fiskus stark bevorzugte Enklave Campione d'Italia am Luganersee, wo man auch heute noch mit Schweizer Franken bezahlt, aber keine Mehrwertsteuer berechnet wird. Die Fahrzeuge haben Schweizer Autokennzeichen und die Telefonanschlüsse eine Schweizer Vorwahl, die Korrespondenz wird von der zuverlässigen Schweizer Post ins Haus gebracht, das Leitungswasser kommt aus den Schweizer Bergen. Der Schauspieler Mario Adorf, der Stuttgarter Kunsttycoon Roman Norbert Ketterer (der Sammler wie Hans Heinrich von Thyssen-Bornemisza, Stavros Niarchos und David Rockefeller belieferte) und der Showstar Caterina Valente reduzierten hier ihre Abgabenlast auf ein erquickliches Minimum, ebenso der Sexaufklärer Oswalt Kolle, der »Winnetou«-Komponist Martin Böttcher und sein Kollege Peter Kreuder, sinnigerweise der Schöpfer des Schlagers »Ich brauche keine Millionen«. Die Spielbank von Campione, 1917 mit dem Hintergedanken eröffnet, ausländischen Diplomaten in entspanntem Ambiente Geheimnisse zu entlocken, machte jedenfalls die höchsten Roulette- und Baccara-Umsätze Europas.

Die Steuersparer wurden zum politischen Dauerthema deutscher Gazetten, obschon auch etliche Großverleger im

Tessin residierten oder dort zumindest Ferienhäuser ihr Eigen nannten wie der *Revue*- und *Bravo*-Verleger Helmut Kindler in Brissago. Der alleinige *Zeit*-Gesellschafter Gerd Bucerius, der freilich vermelden ließ, er versteuere sein Einkommen brav in Hamburg, besaß seit 1966 in der Via val Resa in Brione sopra Minusio eine spektakuläre, vom Avantgarde-Architekten Richard Neutra entworfene Villa, die sich mit einer großflächigen Glasfassade zur Seeseite öffnete, deren Bauhausstrenge aber, so wurde kolportiert, von Ehegattin Ebelin mithilfe von Chintzvorhängen und Rüschenkissen barockisiert worden war. Richard Gruner, ehemals Geschäftsführer des *Spiegel*-Verlags und Mitgesellschafter der Gruner + Jahr GmbH & Co., des damals zweitgrößten deutschen Verlagshauses, beauftragte den Albert-Speer-Protegé Cäsar Pinnau, der die Inneneinrichtung der Reichskanzlei mitverantwortet hatte, mit dem Entwurf eines klotzigen, mit dunkelgrauem Granit verkleideten Baus in der Via Colle San Marco in Ronco sopra Ascona, dessen Eingangstür bis heute von steinernen Löwen bewacht wird.

Als der sozialdemokratische deutsche Bundeskanzler Willy Brandt 1969 in seiner Regierungserklärung ankündigte, er wolle für größere Steuergerechtigkeit sorgen und den »sozialen Rechtsstaat« verwirklichen, fühlten sich mehr Unternehmer und Freiberufler denn je ins Tessin getrieben. Berühmt wurde das ironische, 1972 in 75 000 Exemplaren gedruckte Plakat des Künstlers Klaus Staeck: »Deutsche Arbeiter! Die SPD will euch eure Villen im Tessin wegnehmen!«, das auf eine Wahlkampagne der CDU reagierte, die insinuierte, im Falle eines SPD-Siegs seien deutsche Eigenheime bedroht, und das selbstverständlich *für* Willy Brandts Wiederwahl warb. Eine überraschende Interpretation erfuhr es, als es der *Stern* im April 1973 in Bezug zur Luxusvilla von Albert Vietor in Ronco sopra Ascona setzte, dem ins Gerede gekommenen Chef der gewerkschaftseigenen Baugesellschaft Neue Heimat – die später den Schaden, der ihr durch den 1982 fristlos entlassenen Vietor entstanden war, auf über hundert Millionen Mark bewertete.

Nicht nur das Gesicht von Ronco sopra Ascona, dessen Ortsteile Corafora und Gruppaldo von den Einheimischen »Nouva Germanica« getauft wurden, haben die deutschen Wirtschaftsflüchtlinge nachhaltig verändert mit pompösen, pseudotoskanischen Villen, überdimensionierten, scheinromantischen »Tessinerhäusern« und modernistischen Wohlstandsbunkern, die Reichtum, aber nicht unbedingt Stil widerspiegeln. Auch Montagnola auf der Collina d'Oro bei Lugano oder Brione sopra Minusio wurde gnadenlos verbaut. Orselina galt – und gilt – als »Tessiner Teutonenhügel«; in keiner anderen Gemeinde leben prozentual mehr Einwohnerinnen und Einwohner mit deutscher Muttersprache als in dem 800 Köpfe zählenden Nest. Nicht wenige Anwesen besitzen einen Marktwert in achtstelliger Höhe.

Millionäre hin, Millionen Touristen her, die aus Film, Funk und Fernsehen bekannten Stars, die das Tessin einst in den Fokus der bunten Blätter rückten, sind – abgesehen von Caterina Valente, die sich aus dem Rampenlicht nach Castagnola zurückgezogen hat, und dem unverwüstlichen Rockrentner Peter Kraus, der in Morcote lebt – verschwunden oder liegen auf einem der idyllischen Gottesäcker. »Am Lago Maggiore fehlt jemand wie George Clooney«, postuliert Claudio Caser, legendärer Chefconcierge des Luxushotels Giardino Ascona, elf Jahre lang Präsident der Conciergevereinigung »Les Clefs d'Or Suisse« und heute deren Ehrenmitglied, »dank ihm kennt man in aller Welt den Comer See«. Der grau melierte Nespressotrinker, der die historische 25-Zimmer-Villa Oleandra mit direktem Seeanstoß in Laglio besitzt, einem verschlafenen, keine zehn Kilometer von der Grenze zur Schweiz entfernten Nest, bescherte Italiens drittgrößtem See einen Touristenboom. Vor allem Amerikaner reisen scharenweise an. Nicht unbedingt in der Illusion, einen Blick auf den zweimal zum »Sexiest Man Alive« gekürten Hollywoodstar oder seine gleichfalls mit diesem Prädikat versehenen Freunde Matt Damon und Brad Pitt zu erhaschen. (Für Unbeirrbare: Die Adresse lautet Via Vecchia Regina 20, wenn Sie dem Anwesen zu nahe kommen, droht eine empfindliche Geldstrafe.) Sondern weil dieser kaum eine Gelegenheit auslässt, in den Medien die Vorzüge seiner Wahlheimat zu preisen, was ihm längst deren Ehrenbürgerschaft eingebracht hat.

Nicht, dass das Giardino Ascona keine Prominenten empfinge. Claudio Caser erzählt, wie er mit Udo Jürgens im hoteleigenen Boot über den Lago schipperte, für David Hasselhoff goldene Wasserhähne in Italien besorgte und mit Mireille Mathieu nach Locarno fuhr, um Strumpfhosen einzukaufen: »Sie bat mich zu warten, doch nach zwei Minuten war sie von Menschen umzingelt und flüchtete zurück in den Bentley, ich holte dann eine Auswahl aus dem Geschäft.« Ansonsten aber verschweigt der Concierge Namen, Diskretion ist Ehrensache, und erzählt lieber anonymisiert von ausgefallenen Wünschen: »Einmal sollte ich über Nacht einen roten Ferrari Testarossa besorgen, ein anderes Mal 25 Pferdekutschen als Überraschung für eine Hochzeit organisieren. Und ein Pharmakonzern verlangte für einen Cocktailempfang mit japanischen Kunden eine auf der Hotelliegewiese grasende Kuh samt Alpabtrieb-Blumendekor, die für Schweizer Flair sorgen sollte.«

Zweimal immerhin verhalfen seine Gäste dem Giardino zu maximaler Medienaufmerksamkeit. Im Jahr 2008 diente es der deutschen Fußballnationalmannschaft als Basislager bei der Europameisterschaft in Österreich und der Schweiz – ein im Vorfeld übermitteltes Handbuch mit dreißig Seiten informierte die Direktion detailliert über die Wünsche des DFB. Dreihundert deutsche Journalisten reisten an, um tagtäglich zu berichten, die abgeschlossene Bauweise der Hotelanlage war freilich Gift für neugierige Paparazzi. Das Giardino freute sich über die Publicity, die Gemeinde über »einen Jungbrunnen-Effekt«, eine Tourismuswelle, die respektable neun Monate anhielt. Trainiert wurde im Centro Sportivo Nazionale della Gioventù in Tenero, von einem eigens errichteten, 2,50 Meter hohen Zaun vor Blicken geschützt, damit die teutonische Taktik ja geheim bleibe – die Legende besagt, vor dem Finalspiel hätten die Spanier ihre Gegner vom Dach des benachbarten 14-stöckigen Hotels Campofelice aus observiert. Jedenfalls gewannen sie 1:0.

Als ein Vertreter der Kantonsregierung »auf die herausragende Rolle, die deutsche Künstler und Gelehrte in Ascona gespielt haben«, verwies, blieb Teammanager Oliver Bierhoff keine Antwort schuldig: »Die Leute hier sollen die deutsche Mannschaft in ähnlich guter Erinnerung behalten.« Natürlich erwähnt heute niemand die deutschen Spieler in einem Atemzug mit Erich Mühsam oder Hermann Hesse, die Œuvres sprechen denn doch unterschiedliche Zielgruppen an, vergessen sind die Jungs am Lago aber keineswegs. Zumal die Nationalmannschaft 2016 erneut im Giardino residierte, um sich für die EM in Frankreich fit zu machen (gereicht hat's dann immerhin für das Halbfinale), zur Freude des Bürgermeisters: »Die Präsenz des Fußballweltmeisters ist ein großartiges Ereignis für uns. Sie stärkt das Bild von Ascona in Deutschland, unserem wichtigsten Auslandsmarkt.« Und des Hotels, das ein hochpreisiges Spezialangebot namens »Schlafen wie die Weltmeister« kreierte; inkludiert waren handsignierte Trikots der deutschen Nationalmannschaft.

»Bis heute schauen immer wieder mal deutsche Touristen schüchtern in die Hotelhalle, weil sie sehen wollen, wo ihre Helden logiert haben«, erzählt mir Claudio Caser. »Du erkennst sie schon, wenn sie auf den Eingang zulaufen.« Ich liebe die luxuriöse Lässigkeit dieses unkonventionellen Hideaways, seinen mit subtropischer Flora gesegneten Garten – in dem zwischen Palmen, Bambus- und Bananenstauden komfortable Daybeds zum Chillen einladen und in dem ich mich schon beim Frühstück ein klein wenig wie auf meiner Lieblingsinsel Bali fühle –, die beiden Pools, das großzügige Spa, den unprätentiösen Weltklasseservice und die ayurvedainspirierte Küche. Die angebotenen Yogaklassen allerdings frequentiere ich ebenso wenig wie den benachbarten Golfplatz, und da im eigentlich recht breiten Spektrum meiner Interessen Ballspiele jeglicher Art ganz klar im Abseits stehen, genieße ich den Blick auf Mimosen, Zitrus- und Olivenbäume, Lavendelbüsche und einen Seerosenteich, ohne den kleinsten Gedanken an Schweini, Poldi oder den Lutscher zu verschwenden, deren gut trainierte Hintern womöglich just jenes Polster eindrückten, auf dem ich relaxe.

Weit deutlichere Spuren als im Giardino Ascona haben die deutschen Fußballer im Sportzentrum Tenero hinterlassen, wo man eine Bronzetafel mit den Fußabdrücken von 23 Starkickern anbeten darf. Fußabdruckfreunden sei indes die rund 25 Kilometer südwestlich, bereits auf italienischem Gebiet im Cannobinatal gelegene Ortschaft Cavaglio ans Herz gelegt. Auf einem Stein im Mauerwerk der Chiesa del Ri ist ein garantiert originaler Fußabdruck von Jesus Christus zu sehen – der einst mächtige Strom der Pilger ist merkwürdigerweise versiegt. Doch laut Rudi Schuricke ist es ja im Tessin nicht erforderlich, dass ein Gott Gebete erhört, schließlich befinden wir uns an einem Ort, »wo das Glück deine Wünsche erfüllt. Zarte Weisen erklingen im Chore, all dein Sehnen wird endlich gestillt. [...] Und sinkt der Abend hernieder, dann sind wir beide allein. Hab mich lieb, hab mich lieb, so soll es immer sein.«

Verlassen sollten Sie sich auf Schuricke nicht, es gibt auch andere Meinungen. Bei Mort Shuman zum Beispiel klang das ein knappes Vierteljahrhundert später so: »Ich rufe hinaus auf den See: ›Mein Glück zerbrach, sag mir, warum?‹ Der Lago Maggiore im Schnee weiß, was geschah, doch er bleibt stumm.« Und, um noch einmal auf Gott zurückzukommen: Auch bei Karel Gott kann das Gewässer zwei Liebenden, deren streitende Familien die Beziehung verboten haben, nicht helfen und wird zu ihrem nassen Grab. »Und das Boot verschwand. Lago Maggiore, Lago Maggiore. Nur der See verstand. Lago Maggiore, Lago Maggiore. Die Liebe war so tief wie der See. Lago Maggiore, Lago Maggiore.«

Sie erwarten noch einen *salto di palo in frasca*, der das Kapitel so rund macht wie das Ding, das ins Eckige muss? Hannes Schmidhauser, Profifußballer und Captain der Schweizer Nationalmannschaft, Titelheld der Gotthelf-Verfilmungen »Uli der Knecht« und »Uli der Pächter« sowie selbst erklärter »200-prozentiger Tessiner« verfügte, dass seine Asche in den Lago Maggiore gestreut werden solle; er wollte keine Grabstätte haben, an die Fans pilgern könnten. Möchten Sie sich dem schönen Hannes, dem populärsten helvetischen Filmstar der 1950er- und 1960er-Jahre, dennoch nahe fühlen, hüpfen Sie also am besten ins Wasser …

Grottengut

An den Tisch dort hinten in der Ecke sollen wir uns setzen, dort sei genug Platz für mich. Noch bevor ich darüber nachdenken kann, was genau mich am überraschenden Wechsel des Personalpronomens irritiert und ob das lediglich dem Schweizerdeutsch geschuldet sei, in dem der Patron radebrecht, doppelt er nach. Ich esse wohl zu gern, das sehe man. Aua, denke ich, während sich mein bis dato guter Freund Romeo amüsiert, und schlage im Geiste nach bei Shakespeare: »Das reichste Mahl ist freudenleer, wenn nicht des Wirtes Zuspruch und Geschäftigkeit den Gästen zeigt, dass sie willkommen sind.« Das Baldoria konnte der Barde nicht kennen. Hier sollte ich mich geschmeichelt fühlen, dass der Patron überhaupt mit mir spricht, den übrigen Gästen gönnt er nur ein karges »da oder da« oder weist ihnen den Platz mit einer Handbewegung zu.

Der scheinbar so mürrische Mauro ist eine Institution, genau wie das von ihm geführte Grotto in Asconas altem Ortszentrum Borgo. Und eigentlich ein liebenswertes Original, das ich, wüsste ich es nicht seit bald zwei Jahrzehnten besser, für einen Künstler hielte oder einen Philosophen. Der, sagen wir es euphemistisch, rurale Charme, mit dem er knurrig seine Gäste begrüßt, gehört ebenso zum unkonventionellen Konzept einer perfekt inszenierten Erlebnisgastronomie wie der Gag, dass regelmäßig das Licht erlischt. Derjenige, der unter dem Stromzähler sitzt, bekommt eine Münze, muss auf seinen Sitz klettern und sie einwerfen, damit wir wieder sehen können, was wir essen. Seit Jahren geschieht das mehrmals allabendlich. Eine Gaudi für die Gäste, die, im Schatten einer mächtigen moosbewachsenen Kiefer und zweier Palmen eng an langen Holztischen hockend, rasch mit Wildfremden ins Gespräch gekommen sind. Ein geradezu unverzichtbares Ritual für die »Repeater«, zu denen auch ich mich zähle. Und kein Grund zur Besorgnis: Auf geradezu wundersame Weise bleibt die Toilette stets beleuchtet …

Nun sollten Sie beileibe nicht vorschnell dem Vorurteil verfallen, das alles sei Tessiner Touristennepp. Das Baldoria – der Name bedeutet Trubel, Ausgelassenheit, und tatsächlich herrscht lautstark gute Laune – ist aber auch alles andere als ein Geheimtipp. Wer nicht reserviert hat, was ohnehin keine Garantie dafür darstellt, wirklich einen Platz zu bekommen, oder schon eine Viertelstunde vor der abendlichen Öffnung um 19 Uhr geduldig vor dem Tor in der Via Sant'Omobono 9 harrt, braucht einen guten Draht zu Fortuna. Das Ambiente ist urig, die familiäre Atmosphäre ungezwungen, der Service so speditiv wie unfreundlich. Mauros Kalkulation bleibt meist ein Rätsel, doch das Preis-Leistungs-Verhältnis ist mehr als anständig. Und Edgardo, der wegen seines schwarzen Bartes von allen

Moro genannt wird, kreiert in der Küche keine kulinarischen Kapriolen, sondern *cucina ticinese alla nonna*, nach Großmutters Art, einfach und gut.

Dass es weder Karte noch Auswahl gibt, sondern gegessen wird, was auf die Tische kommt, befremdet manche von jeglicher Wahlqual befreite Touristen ebenso wie die mit Spinnweben überzogene Flohmarktdekoration oder das zusammengewürfelte Geschirr, an dem die eine oder andere Ecke fehlt und das man den ganzen Abend über behält, gleichgültig, ob man den vorherigen Gang aufgegessen hat oder nicht. Und so wird auf den einschlägigen Bewertungsportalen schon mal »das Feeling einer Gefängniskantine« moniert. Ich aber liebe das Baldoria heiß, gerade weil es dort, wie wir Schweizer es bevorzugt formulieren, »speziell« zugeht, und verdanke ihm einige meiner entspanntesten Tessiner Abende.

Egal, ob man im Frühjahr von einer Gasflasche mit aufgesetztem Heizstrahler gewärmt werden muss oder im Hochsommer unter dem Kunststoffdach transpiriert, aufgetischt wird mehr oder weniger das Gleiche. Erst machen *salumi*, Wurstwaren, auf einem Holzbrett die Runde, meist diverse *salami* und *salametti*, manchmal auch *pancetta*, Speck. Jeder säbelt sich mit einem großen, scharfen Messer ab, so viel er möchte. Dazu wird knuspriges Brot gereicht und eine Halbliterkaraffe Hauswein, natürlich ein rubinroter Merlot – ein gutes, geselliges Ding, wenn man mit ihm umzugehen weiß. Fünfundachtzig Prozent der Tessiner Rebflächen sind, teilweise in arbeitsintensiven Steillagen, mit dem ursprünglich aus dem Bordeaux stammenden Merlot bestockt, der erst seit gut hundert Jahren hier heimisch ist. Ende des 19. Jahrhunderts hatten Mehltau und

Reblaus beinahe alle Weinstöcke im Tessin vernichtet, worauf man die verschiedensten Sorten bezüglich Krankheitsresistenz und Ertrag testete, 1906 den ersten Merlot kelterte und zur Überzeugung gelangte, dass er den Rebbau am ehesten aus seiner schweren Krise führen könne. Die Weine aus dem Sopraceneri, wo die Erde leicht sandig ist und einen hohen Gehalt an organischen Substanzen aufweist, sind feinfruchtig, leichter und oft auch säurebetonter als jene aus dem Sottoceneri, die dort auf den schwereren, kalkhaltigen Böden fülliger und weicher geraten. Versuchen Sie auch die weiße Variante Merlot Bianco, die durch sanfte Pressung aus den blauschwarzen Merlottrauben gewonnen wird und somit eigentlich gar kein Weiß-, sondern ein farb- und tanninloser Rotwein ist, und die ebenfalls aus Merlot gekelterten, süffigen Roséweine. Im Tessin angebaut werden zudem Chardonnay, Pinot noir, Gamaret, Sauvignon Blanc und einige andere Sorten.

Viel Zeit, über Weine zu räsonieren, bleibt uns im Grotto Baldoria nicht. Schon werden die abgeschnittenen Salamihäute von den Tellern geklaubt, denn nun folgt der nächste Gang und damit mein persönlicher Höhepunkt des Menüs. Ein schlichter Salat, aber was für einer! Eine *insalata di cicoria verde*, sehr dezent bitter und zur selben Familie gehörend wie Chicorée und Radicchio. Geschnitten in dünne Streifen, angemacht mit einer Vinaigrette, hinter deren Geheimnis ich bis heute nicht gekommen bin, und gekrönt von aromatischen Tomatenscheiben. Rolf Fliegauf vom Ecco Ascona, 2011 mit erst 29 Jahren zum jüngsten Zweisternekoch Europas gekürt, sein Kollege Salvatore Frequente vom La Brezza und die anderen Götter der Haute Cuisine, von denen ich mich ansonsten nur zu gern verköstigen lasse, mögen mir vergeben: Ausgerechnet bei diesem simplen Salat gerate ich in Verzückung wie Anton Ego beim Genuss der Ratatouille im gleichnamigen Film.

Die Zunge sei oft des Menschen Verderben, heißt es im Alten Testament, doch obgleich ich an sich kein Freund von Innereien bin, schmeckt mir das *carpaccio moresco*, fein geschnittene Zunge an einer Essig-Kapern-Sauce, vortrefflich, und wer sie vor mir im Mund hatte, ist mir egal. Obschon ich beinahe gesättigt bin, kann ich den dampfenden *fusilli all'arrabbiata*, die aus einer großen, glasierten Tonschüssel auf die Teller geschöpft werden, nicht widerstehen. Darüber wird geriebener Grana Padano gestreut, und zwar, ganz ohne Chichi, aus der 1000-Gramm-Plastiktüte. Wer mag, bekommt einen Nachschlag, doch ist das wahre Glück die Genügsamkeit, und der Hauptgang steht ja noch bevor. Wie stets gibt es Polenta, aus Maismehl und Wasser von Hand gerührt. Bis ins 19. Jahrhundert hinein aß man im Tessin neben Kastanien und Kartoffeln vor allem diesen Brei, und zwar überwiegend aus Hartweizengrieß. Die graubraune *polenta negra* wird aus Maisgrieß und dunklem Buchweizenmehl zubereitet, oder auch aus grob gemahlenem Mais der alten Sorte Millo Corvo, der beim Kochen eher violett wird. Schmackhaft ist auch Polenta aus Rosso del Ticino, rotem Mais, der unter anderem in der Magadinoebene angebaut wird, höchst nahrhaft sind die *polenta grassa*, für die man Rahm statt Wasser verwendet, und die mit viel Butter und Käse angereicherte *polenta taragna*.

Hier im Baldoria wäre das zu viel des Guten, denn die Polenta wird von Fleisch begleitet, diesmal von einem famos gewürzten Ragout, bei unseren letzten Besuchen war es *brasato*, in Rotwein geschmorter Rindsbraten, oder *ossobuco*, Kalbshaxe. Schließlich werden, wie anfangs die *salumi*, verschiedene regionale Bergkäse herumgereicht, *formaggi vallerani*; abermals schneidet jeder ab, so viel er möchte oder vielmehr so viel er noch schafft. Pappsatt zögern wir, zum *caffè*, also einem Espresso, auch noch den Blechkuchen mit Aprikosenglasur zu kosten, der nun kursiert – und erliegen der Versuchung. Was süß schmeckt, wird oft bitter beim Verdau'n, doch immerhin ist dieses Dessert leichter als die traditionelle Tessiner *torta di pane*, eine gehaltvolle Brottorte, angereichert mit Milch, Rosinen, Nüssen, Kakao, Eiweiß und Zucker. Überdies werden Digestionshilfen bereitgestellt, drei Flaschen mit Grappa, Nocino und Limcello, aus denen sich die Gäste ganz nach Gusto selbst einschenken.

Nun behauptet ja ein Sprichwort, das Beste komme zuletzt, was freilich weder auf das Leben als solches zutrifft, das am Ende oft von Unerquicklichem wie Gedächtnisschwund und Blasenschwäche geprägt wird, noch auf Restaurantbesuche, bei denen auf jedes noch so grandiose Dessert unweigerlich ein Stück Papier mit einer mindestens ebenso grandiosen Zahl folgt. Nicht so im Baldoria. Mauro wirft einen abschätzenden Blick auf die Gläser und Flaschen, die Romeo und ich im Laufe des Abends geleert haben, tippt auf die Tasten seines kleinen Rechners, reißt von dessen Papierrolle fünf Zentimeter ab und kassiert kaum siebzig Franken. Nicht von jedem, wohlgemerkt, sondern insgesamt, für zwei Sieben-Gänge-Menüs, Wasser, Wein, Kaffee und Digestif. Wer auch nur flüchtig mit Schweizer Preisen vertraut ist, wird schwerlich aus dem Staunen heraus- und sicherlich irgendwann wieder herkommen. So wie wir.

Auch diesmal verlassen wir das kommunikative Baldoria nicht nur beglückt, sondern bereichert um die Grottoempfehlungen unserer Tischnachbarn, mit denen wir seit dem zweiten Schnaps per Du sind. Die Zahl der Tessiner Grotti ist so groß wie deren Preisspanne. Viele sind Klassiker seit Jahrzehnten, andere steigen, von einem Blogger gehypt, kometengleich auf, um ebenso rasch wieder zu verglühen. Und manche Namen hört man allenfalls hinter vorgehaltener Hand, als handelte es sich um ein illegales Speakeasy – wer will schon, dass sein idyllischer Geheimtipp zum touristischen Hotspot verkommt? Einige bieten nur kalte Küche, andere haben sich auf fangfrischen Seefisch spezialisiert, pflegen althergebrachte Gerichte wie *busecca*, eine Gemüsesuppe mit Kutteln, oder werden wegen ihrer *costini*, Schweinerippchen vom Grill, aufgesucht.

Ein wahres Grottodorado ist beispielsweise die Ortschaft Ponte Brolla, die überdies einen wunderbaren Ausgangs- oder Endpunkt nicht nur für sommerliche Badeausflüge darstellt. Sie liegt am engen Eingang des Maggiatals (das Grotto Pozzasc in Peccia sei das beste von allen, hatten uns unsere neuen Bekannten im Baldoria beschworen), unmittelbar neben Tegna, wo Hannah Arendt sechs Sommer lang Ferien im Hotel Barbatè genoss und Patricia Highsmith sich die letzten Jahre ihres Lebens in Gesellschaft von Katzen und Schnecken in ihrem bunkerähnlichen Bungalow verschanzte. Im keine zwei Kilometer entfernten zauberhaften Dorf Verscio sind das Teatro Dimitri, das 1971 vom berühmtesten Clown der Schweiz gegründet wurde und bis heute ein reizvolles Kleinkunst-Kulturprogramm bietet, die auf Bewegungstheater spezialisierte Accademia Teatro

Dimitri, eine der vier universitären Theaterhochschulen des Landes, und das 2000 eröffnete Museo Comico zu Hause, das Plakate, Fotos, Musikinstrumente, Requisiten, Masken, Skulpturen und Spielzeuge zeigt.

Noch etwas weiter in Richtung Westen zweigt die Straße in die nach wie vor ursprüngliche Valle Onsernone ab, einst mit Strohflechterei zu bescheidenem Wohlstand gekommen, heute ein Pilgerziel für Literaturliebhaber. In Berzona, seit 2001 Teil der Gemeinde Isorno, lebte ab 1958 in einer umgebauten alten Seifenfabrik mitten im Dorfzentrum Alfred Andersch, 1964 erwarb Max Frisch ein verfallenes Anwesen unterhalb des Friedhofs, das er renovieren ließ, um dort Zuflucht vor seinem wachsenden Ruhm zu suchen, und in seinem Dreizimmerhäuschen hoch oben auf dem Berg schrieb Golo Mann an seiner Wallenstein-Biografie. In Comologno, dem auf einer Höhe von 1076 Metern gelegenen zweitletzten Dorf des Tals, empfingen in den 1930er-Jahren die Schriftstellerin Aline Valangin und ihr Mann, der Staranwalt Wladimir Rosenbaum, in ihrem Palazzo della Barca illustre Freunde wie Ignazio Silone, Kurt Tucholsky und Elias Canetti, Meret Oppenheim, Max Ernst und Carl Gustav Jung.

Man könnte nun nach Spruga weiterfahren und von dort nach Italien wandern, genauer gesagt, zu den Ruinen des 1951 durch eine Lawine zerstörten Kurbades von Craveggia, wobei man zuletzt das Grenzflüsschen Isorno durchwaten müsste. Dort laden zwei neue Granitwannen zur Entspannung im 28 Grad warmen, jod- und magnesiumhaltigen Wasser ein. Einst suchten Frauen, die nicht schwanger wurden, die erstmals im Jahr 406 dokumentierte Thermalquelle auf und hofften auf ein Wunder; böse

Zungen behaupten allerdings, dass die tatsächlich neun Monate später erfolgten Geburten eher dem Einsatz der Badewärter zu verdanken gewesen seien.

Man könnte aber auch nach Ponte Brolla zurück- und endlich einkehren. Wer ambitioniertere Küche und das entsprechende Ambiente bevorzugt, kann sich an den weiß gedeckten Granittischen im lauschigen Garten des Edelgrottos Da Enzo von Küchenchef Andrea Cingari, 2013 von Gault & Millau zum »Aufsteiger des Jahres« gekürt, verwöhnen lassen. Zum Beispiel mit einer Burrata mit grillierten Jakobsmuscheln und Thontatar, Risotto mit Zucchiniblüten und Egli vom Lago Maggiore oder *tagliata di manzo*, dünn geschnittenem und gebratenem Rindfleisch, auf Kartoffelpüree mit Balsamico-Jus. Mit der *cucina povera*, der ursprünglich armen, mit der lombardischen verwandten Tessiner Küche, hat das natürlich nur wenig zu tun.

Einfacher und zwangloser geht es im 400 Jahre alten, etwas versteckt im Wald gelegenen Grotto America zu (das, wie die meisten Grotti, den Winter über geschlossen hat). Dort trafen sich seit Mitte des 19. Jahrhunderts Auswanderer, um sich gemeinsam auf den Weg über Genua in die Vereinigten Staaten zu machen, Rückkehrer gaben ihm 1890 seinen Namen, und noch heute hängen dort Originalwandgemälde einer Tessiner Familie, die es in Übersee zu etwas gebracht hatte. Hinter dem gemütlichen Grotto America, das sommers auch mit Konzerten lockt, führt ein Stufenweg hinauf zu einigen alten *grotti*, Höhlen, in denen man zu einer Zeit, als es noch keinen Strom gab, Käse, Würste und Wein in der brütenden Hitze des Sommers kühl halten konnte. Vor manchen errichtete man im Lauf der Zeit Granittische und -bänke, traf sich zum Plaudern und zum Bocciaspielen, aß und trank. Nach und nach haben sich solche Vorratskammern in Felsspalten, die man mit Mauerwerk ergänzte, oder eigens in den Berg getriebene Keller zu rustikalen Gaststätten entwickelt, wie wir sie heute schätzen.

So auch die Cantine di Gandria (die Keller von Gandria), die Cantine di Lugano und die Cantine di Caprino, in denen die wohlhabenden Familien des gegenüberliegenden Seeufers ihre Weinvorräte lagerten und die größtenteils zu typischen Tessiner Grotti umgewandelt wurden, erreichbar von Lugano aus am besten mit dem Kursschiff (abends sogar auf einer speziellen Grotti-Tour) oder in zehn Minuten per Taxiboot. »Ich habe aber auch zwei Gäste, die immer mit dem Stand-up-Paddel aus Melide kommen«, erzählt mir Michel Walser, als er mich an der Anlegestelle begrüßt. Der Besitzer des Grotto San Rocco, halb Österreicher, halb Italiener und aufgewachsen am Zürichsee, führt mich in seinen Gewölbekeller, in dem dank der natürlichen Luftzirkulation konstant zehn bis zwölf Grad herrschen. »Nach dem Zweiten Weltkrieg hat man ja angefangen, Kühlschränke zu verkaufen, das machte diese Keller eigentlich überflüssig. Glücklicherweise hat man auch VW-Käfer verkauft, so kamen Touristen über die Alpen, wanderten durch die Gegend, waren neugierig, und dann hat sich das so ergeben, dass man den Touristen ein Glas Wein gab.«

Heute genießt man im San Rocco weit mehr als jenes Glas Wein und eine berückende Aussicht auf Lugano und den See, nämlich ambitionierte zeitgenössische Küche. »Wenn ich einen Teller neu erfinde, ist es mir am liebsten, man denkt, das muss hier so sein, das hat die Großmutter sicher auch schon so gemacht, dann bin ich zufrieden«, meint Michel, dessen ständig wechselnde Karte mich mit Gerichten wie Grünspargelsalat mit Erdbeeren und Chili, Fenchelsalat mit Scampi und Zitrusfrüchten oder Fischravioli ködert. Was ich aber verschmähe, denn heute will ich nur eines: von Michel lernen, wie man den besten Risotto kocht.

Im Lauf der Jahre habe ich unzählige Varianten kennengelernt: Risotto mit Eierschwämmchen, also Pfifferlingen, oder mit Randen, wie die Rote Bete in der Schweiz heißt. Mit Kastanien, mit Kürbis, mit Porree und Möhren, mit Gorgonzola und Feigen, mit Büscion, einem typischen Tessiner Ziegenkäse, oder natürlich *alla milanese*, also mit Safran. Mit rotem Merlot statt mit Weißwein, mit Prosecco, mit Limone oder sogar mit Kokosmilch und Curry. Kaum eine darunter, die mich nicht begeistert hätte, und doch ist mir ein einfacher, purer Risotto am liebsten. Falls er perfekt zubereitet wurde.

»Schwer ist es nicht, wenn man sich darum kümmert. Misslingt ein Risotto, liegt das oft an der Qualität des Produkts, bei gutem Reis ist die Bandbreite zwischen ›Jetzt ist er super!‹ und ›Jetzt ist er verkocht!‹ einfach größer. Der beste, den ich kenne, heißt Acquarello, der kostet dann aber 14, 16, 18 Franken das Kilo.« Später werde ich mich schlaumachen. Acquarello ist Reis der stärkereichen Sorte Carnaroli, die auch *re dei risi*, König der Reissorten, genannt wird, außergewöhnlich lange gelagert wird, wodurch später Stärke, Vitamine und Proteine bei der Zubereitung erhalten bleiben, und während des Kochvorgangs die vierfache Flüssigkeitsmenge aufnimmt, ohne matschig zu werden. »Es gibt aber auch Reis für weniger als einen Franken«, fügt Michel zu meiner Erleichterung hinzu.

»Du schwitzt klein geschnittene Zwiebeln in Öl an und röstest dann den Reis, bis auch er glasig ist. Wenn du denkst, jetzt ist es gut, musst du noch eine Minute weiterrösten, das ist ganz wichtig. Erst dann löschst du mit Weißwein ab, und falls du keinen Wein verwenden kannst, weil vorbelastete Gäste dabei sind, geht es auch mit ein wenig Zitronensaft oder saurem Apfelsaft, die Säure ist wichtig. Ist der Wein absorbiert, kannst du langsam, langsam Bouillon dazugeben, nicht zu viel auf einmal, ganz peu à peu, immer nur so viel, dass der Reis leicht bedeckt ist. Eine richtige Gemüsebouillon natürlich, in der Hunderte Aromen drin sind. Und heiß muss sie sein! Und rühren musst du, ständig rühren, und zwar bei mittlerer Hitze. Nun gut, um ehrlich zu sein, wenn man das Rühren mal zwei Minuten unterbricht, passiert auch nichts.

Bei einem *risotto ai funghi porcini* gebe ich die angebratenen Steinpilze zusammen mit der Bouillon dazu, bei einem Spargelrisotto hebe ich den bissfest gekochten Spargel erst zum Schluss unter. Es gibt italienische Köche, die sagen, man darf auf keinen Fall Knoblauch verwenden. Ich finde, man kann ruhig eine ganze Zehe hineingeben und dann wieder rausfischen, man kann ihn aber auch klein hacken und drinlassen. Ist der Risotto al dente, nimmst du ihn vom Feuer, aber nicht zu spät, vergiss nicht, dass er noch nachzieht, bis er tatsächlich gegessen wird. Dann rührst du Butter unter, und zwar kalte wie beim Saucenbinden, und zuletzt geriebenen Parmesan. Butter hat ja diese bindenden Fähigkeiten, und mit dem Fett vom Käse und der Stärke vom Reis, die man durch das Rühren herausholt, wird der Risotto so sämig, schlotzig, cremig, wie er sein muss.«

Reis, der sich für die Risottozubereitung eignet, wird sogar im Tessin angebaut. Erste Versuche in den 1930er-Jahren waren wenig erfolgreich, denn man hatte die Felder wie in Asien geflutet. Viel später erkannte man, dass das Maggiadelta und die Magadinoebene nach einer anderen Anbauweise verlangen. Der frühestens Ende April ausgesäte Reis der Sorte Loto, die ein langes, konvexes Korn besitzt, wird trocken angebaut und einmal pro Woche bewässert, nach etwa 150 Tagen ist er erntereif. Kommerziell seit 1997 genutzt, hat sich der »Riso Nostrano Ticinese« des Landwirtschaftsbetriebs Terreni alla Maggia, der unter anderem auch Polentamehl aus selbst angebautem Mais produziert, längst etabliert, die Anbaufläche ist auf neunzig Hektar gewachsen, der Ertrag auf 400 Tonnen.

Glauben Sie mir, es lohnt sich, regionale und lokale Produkte zu probieren. Eine – freilich ziemlich touristische – Möglichkeit dafür bietet das »Ticino Experience« in der gemütlichen Casa Rustica des Albergo Losone, wo eine aufwendig produzierte Stummfilmkomödie gezeigt wird: Der Gourmetkoch Fidelio hat wegen eines missmutigen Gastrokritikers einen Stern verloren, streift auf der Suche nach neuen Ideen durch die Tessiner Täler und entdeckt dabei die typischen Produkte der Gegend – die auch die Zuschauer während der Vorführung degustieren können. Zu Beginn bekommt jeder Gast ein auf der Unterseite gepolstertes Holztablett auf den Schoß gelegt, mit sieben Vertiefungen für *bözz*, *boccalini* und *tazzin*, Essschälchen, kleine Krüge und Tassen. Zum Auftakt probiert man Zincarlin, einen pikanten Rohmilchkäse aus der Valle di Muggio, zu dem hervorragend ein Schluck Tessiner Süßwein passt. Dann etwas Cicitt, Ziegenwurst aus der Valle Maggia, von wo auch der Tessiner Alpkäse stammt, der als Nächstes an der Reihe ist und von zwölf Monate im Barrique gereiftem Merlot begleitet wird. Etwas Brot mit Bonella, einem Aufstrich, der aus *farina bóna* hergestellt wird, Mehl, das wie Popcorn schmeckt, denn es wird durch die sehr feine Vermahlung gerösteter Maiskörner gewonnen. Enorm vielseitig verwendbar, ist es für Pikantes wie Suppen, Saucen oder Panaden ebenso geeignet wie für Süßes vom Kuchen bis zum Sahneeis, macht das morgendliche Müesli cremig und verleiht Kartoffelgnocchi, Brot oder Teigwaren geschmackliche Raffinesse, ja, man kann sogar Bier daraus brauen. Hier aber kostet man zum Abschluss das Lieblingsgetränk der Tessiner Mönche, einen süßen, dunkelbraunen, verdauungsfördernden Likör aus grün geernteten Walnüssen, Grappa, Zucker und Aromen wie Gewürznelken, Vanille, Zimt oder Muskatnuss, den man Nocino oder Ratafià nennt.

Die Tessiner Produktpalette erschöpft sich damit noch lange nicht – gehen Sie auf Entdeckungsreise! Ein Tasting lohnt der Gin Bisbino, destilliert aus sieben, in Sagno im Muggiotal biologisch-organisch angebauten Kräutern; eine Spezialität ist der damit eingeriebene Zincarlin, der sinnigerweise den Namen Gincarlin trägt. Pane Valle Maggia, ein luftig gebackenes Sauerteigbrot mit knuspriger Kruste, das ich schon als Kind lieben gelernt habe, sollten Sie auf keinen Fall verpassen. Pepe Valle Maggia ebenso wenig, der Gourmets ins Schwärmen bringt, und, wie ich finde, geradezu göttlich schmeckt, wenn Sie ihn über eine mit Olivenöl beträufelte Scheibe Vallemaggiabrot streuen. Nun denkt man ja nicht unbedingt ans Maggiatal, wünscht man jemanden dorthin, wo der Pfeffer wächst, und selbstverständlich wird dieser nicht dort geerntet. Im Dorf Bignasco aromatisiert man aus Vietnam importierten geschroteten schwarzen Pfeffer mit einer geheimen, von Virgilio Matasci in den 1980er-Jahren entwickelten Mixtur aus Weißwein, Grappa, Kräutern und Gewürzen. Das Ergebnis passt zu fast allem: Fleisch, Fisch, Pasta, Risotto, Gemüse und Salat, zu Salami und Käse, sogar zu Süßem. Nur erhitzen sollten Sie den »Schwarzen aus dem Maggiatal« nicht, sondern erst nach dem Kochen dazugeben, sonst verliert er sein einzigartiges Aroma. Und einmal geöffnet, am besten im Kühlschrank aufbewahren. Kaufen können Sie ihn neben anderen Köstlichkeiten sowie Kunsthandwerksartikeln im Artigianato Punto Verde der Herstellerfamilie.

Wie für alle Delikatessen gilt auch für den Kultpfeffer: Günstig ist er nicht. Aber gut. Grottengut.

Garantie für einen Glücksmoment

So wie der Himmel prangt mit Funken ohne Zahl, und Feuer sind sie all', und jeder leuchtet, so prunkt auch das Tessin mit Lieblingsorten, die mich zu schwärmerischer Dichtung reizen. Doch in der Menge weiß ich einen nur, der selber eine Zahl besitzt: 401. Oder für diejenigen, die nicht mit Shakespeare sozialisiert wurden, sondern in ihrer Jugend cool per Anhalter durch die Galaxis sausten: 401 ist nicht die ersehnte Antwort auf die Frage nach dem Leben, dem Universum und dem ganzen Rest, aber immerhin die pures Glück verheißende Nummer meines bevorzugten Zimmers im Hotel Eden Roc in Ascona. Sein besonderer Reiz ist die Ecklage, die einen Logenblick auf die hypnotisch glitzernden Wellen des Lago erlaubt. Auf dem spitz zulaufenden Balkon fühle ich mich wie auf einem Schiffsbug.

Zugegeben, das Glück hat seinen Preis, und obschon dieser außer Saison nicht so exorbitant ist wie im Sommer, sollte man auch dann Geiz besser ungeil finden und gegebenenfalls lange stricken. Denn kein Tessiner Hotel verfügt über ein größeres Seegrundstück mit privatem Badestrand als das sieben Jahre lang in Folge als bestes Ferienhotel der Schweiz ausgezeichnete Eden Roc, in das der Selfmade-Multimilliardär Karl-Heinz Kipp nicht nur einen dreistelligen Millionenbetrag, sondern spürbar viel Herzblut investiert hat – noch eine Woche vor seinem Tod im Oktober 2017 habe ich den 93-jährigen Patron im Hotel gesehen. Besonders gern steige ich dort im Spätherbst und im Winter ab, wenn die meisten Herbergen ihre Pforten geschlossen haben. Ist es zu kalt, um beinahe direkt aus dem Bett in den Lago zu hüpfen, drehe ich frühmorgens grundglücklich meine Runden im dreißig Grad warmen, kombinierten Innen- und Außenpool und entspanne abends im 2000 Quadratmeter großen Spa, bevor ich in einem der vier Restaurants meinen Gaumen kitzeln lasse. Und selbst an trüben Tagen erhellen die maximalistischen Interieurs von Stardesigner Carlo Rampazzi meine Seele, elegant und extravagant, kunstvoll und kitschig, eine inspirierende Farborgie, die ich, obwohl ich nicht so wohnen wollte, liebe.

»Nicht obwohl, sondern weil du nicht so wohnen willst«, präzisiert Rampazzi, der Hotels, Privathäuser, Boutiquen und Jachten in aller Welt eingerichtet hat, darunter auch die Lobby des Burj al-Arab in Dubai. »Man sucht im Hotel die Abwechslung von zu Hause.« Ich treffe ihn in seinem keine fünf Gehminuten entfernten Palazzo im Vicolo Ghiriglioni, der Wohnung, Atelier und das mit Wundervollem übervollgestopfte Geschäft namens Selvaggio beherbergt, was »wild« bedeutet. In einem früheren Leben sei er ein Pharao gewesen, erzählt mir der 1949 in Ascona geborene Sohn eines Bauunternehmers in einem Sprachgemisch aus

Deutsch und Italienisch. Eigentlich habe er Schauspieler werden wollen oder bildender Künstler, die Eltern aber hätten seine Zukunft in der Bank- oder Versicherungsbranche gesehen, mit der Innenarchitektur habe man einen Kompromiss gefunden. Mittlerweile scheint der flamboyante Designer, der eine leopardengemusterte enge Hose, dicke Goldringe und ein opulentes Krokodil-Bracelet trägt und sich in Sonderanfertigungen wie einem limettengrünen Bentley oder einem orangefarbenen Porsche 911 Turbo durch die Welt chauffieren lässt, zumindest ästhetisch eine kompromisslose Existenz zu führen. »Der Mensch will sich zeigen, aber er hat Angst davor. Ich möchte träumen, nicht Angst haben, ich möchte niemandem wehtun, aber leben, wie es mir gefällt.« Dieses Leben sei nun mal bunt: »Die Menschen brauchen Farben, ohne Farben sind sie verloren. Ohne Farben keine Freude.« Und er schenkt mir eine Art Plüschteddy, eine wilde Mischung aus Leopard und Tiger mit grüner Nase, grünen Füßen und einer leuchtend orangen Schleife um den flauschigen Hals. »Ich habe immer gedacht, dass alle Menschen so sind wie ich. Erst jetzt im Alter verstehe ich, dass ich anders bin.«

Dabei passt er perfekt in die Paradiesvogelvoliere Ascona, schließlich haben nicht zuletzt Künstler und Exzentriker die Geschichte dieses Dorfes geprägt. Wo heute Rampazzi residiert, kam 1935 unter dem bürgerlichen Allerweltsnamen Müller der spätere Clown Dimitri zur Welt. Seine erste Bühne fand er, ausgebildet in Paris bei Etienne Decroux und Marcel Marceau, genau gegenüber, im Marionettentheater. 1937 von Jakob Flach gegründet, geprägt von Künstlern wie Werner J. Müller, dem Vater Dimitris, Richard Seewald, Ignaz und Mischa Epper (das direkt neben dem Eden Roc gelegene Museo Epper ist sehenswert!), war es 1938 bis 1960 im Tonnengewölbe eines alten Pferdestalls untergebracht, der einst zum Castello dei Ghiriglioni aus dem 13. Jahrhundert gehörte, einer von vier, mit unterirdischen Gängen verbundenen Asconeser Burgen. Am Vicolo Ghiriglioni sind noch zwei Tore der Befestigungsmauer erkennbar, auch ein Teil der Burg mit einem mächtigen Turm, der heute das südöstliche Ende der Piazza markiert, hat sich erhalten. Damals Casa Bezzola genannt, beherbergte diese von 1919 bis 1931 in drei notdürftig hergerichteten Erdgeschossräumen die mittel- und staatenlose expressionistische Malerin Marianne von Werefkin, und kurze Zeit auch ihren Partner Alexej von Jawlensky. 1927 richtete Hans Wartmann die Academia Cavallo Rosso, die erste freie Kunstschule der Schweiz, ein und betrieb das Gebäude als Pension. Heute ist das in dritter Generation familiengeführte, mehrfach aufwendig restaurierte und erweiterte Romantik Hotel Castello Seeschloss eine empfehlenswerte, vor allem von deutschen und Deutschschweizer Touristen geschätzte Unterkunft. Prachtvolle Wand- und Deckenmalereien zieren einige der Zimmer, im Garten erfreut ein Pool, und im direkt am See gelegenen Restaurant speist man vorzüglich.

An der lang gestreckten, zum Flanieren einladenden Piazza reihen sich die Hotels aneinander wie die Perlen einer Schnur. Biegen Sie beim Dreisternehotel Albergo Carcani – die meisten der modern möblierten Zimmer bieten eine phänomenale Aussicht auf die Piazza und den See – rechts in den Vicolo Sacchetti und dann hinter der Gelateria Pippo links in die Via Beato Pietro Berno, gelangen Sie zur erstmals 1264 erwähnten Chiesa dei Santi

Pietro e Paolo. Sehenswert sind vor allem die drei meisterhaften Gemälde des 1630 jung verstorbenen Asconeser Künstlers Giovanni Serodine, eines Jüngers meines Lieblingsmalers Caravaggio, die die Berufung der Söhne des Zebedäus, die Einladung nach Emmaus und Mariä Krönung darstellen.

Südlich der Pfarrkirche beeindruckt die dreistöckige Casa Serodine, deren barocke Fassade Giovannis Bruder, der Stuckateur Giovanni Battista Serodine, gestaltet hat. Ich kann mich noch gut entsinnen, wie meine Eltern bei jedem Aufenthalt die Regale der Libreria della Rondine im Erdgeschoss durchstöbert haben. Und ganz verschwommen habe ich einen alten Mann vor Augen, der die antiquarischen Bücherschätze hütete: Der Pianist und Komponist Leo Kok, geboren 1893 in Amsterdam, lebte ab 1921 abwechselnd in Ascona und Paris, schrieb 1924 die Musik für das »Kamelienfest« in Locarno und begleitete die Tänzerin Charlotte Bara. Während der deutschen Besatzung wurde er in Paris verhaftet und ins Konzentrationslager Buchenwald deportiert, wo man ihm die Hände zertrümmerte – sein Schicksal floss in Erich Maria Remarques Roman »Der Funke Leben« ein. 1946 kehrte Kok nach Ascona zurück und führte bis 1975 sein Antiquariat, 1992 starb er mit 99 Jahren.

Wesentlich besser kann ich mich indes erinnern, wie Koks Nachbar in der Casa Serodine, der bereits im Zusammenhang mit dem Palazzo della Barca in Comologno erwähnte, 1984 verstorbene Wladimir Rosenbaum, im Halbdunkel seines Antiquitätengeschäfts hinter dem Schreibtisch saß. 1894 in Minsk zur Welt gekommen, floh er mit acht Jahren vor den antisemitischen Pogromen der Zarenzeit in die Schweiz und wurde Anwalt. 1937 wegen Waffentransaktionen für den Spanischen Bürgerkrieg festgenommen – der Bundesrat hatte ein Embargo verhängt – und 1938 zu vier Monaten Haft verurteilt, verlor er sein Anwaltspatent, zog sich ins Tessin zurück und begann mit Antiquitäten zu handeln. Bisweilen betätigte er sich nebenbei als Rechtsberater, was ihm einen letzten, aufsehenerregenden Prozess eintrug. Rosenbaum, voller Hass gegen »den verkümmerten Geldmenschen« Eduard von der Heydt, hatte sich von dessen vermeintlichem illegitimen Sohn, der mit gefälschten Papieren Millionen hatte erschleichen wollen, vor den Karren spannen lassen, wurde inhaftiert, dann aber von jeglicher Schuld freigesprochen und kehrte nach Ascona zurück – eine lebende Legende. »Das Wort ist mein Champagner, das Wort ist meine Musik, das Wort ist mein Leben!«, meinte er einmal.

Das klingt in meinen Ohren mindestens ebenso gut wie Max Emdens Devise »Auch Leben ist eine Kunst!«. Fast jedes Mal, wenn ich während der Saison in Ascona bin, mache ich einen Ausflug auf die Isole di Brissago. Die Fahrt mit dem Kursschiff der Navigazione Lago Maggiore führt vorbei an der am Ufer gelegenen Casa Gabriella in Moscia, wo 1933 durch das Wirken der Niederländerin Olga Fröbe-Kapteyn eine »Begegnungsstätte für Ost und West« entstand; an den interdisziplinären Eranos-Tagungen nahmen Gelehrte wie Carl Gustav Jung, Karl Kerényi, Martin Buber, Mircea Eliade, Erwin Schrödinger und Adolf Portmann teil. Noch besser kann man von Bord die 900 Meter westlich auf großflächigem Grund gelegene, dreistöckige Casa Monte Tabor mit ihrer in weitem Bogen hinausschwingenden Terrasse erkennen. Remarque erwarb sie

1931 für 80 000 Franken und lebte dort – abgesehen von den Jahren 1939 bis 1948, die er in den USA verbrachte – bis zu seinem Tod 1970, seine Witwe Paulette Goddard bis 1990. Als Alleinerbin setzte diese die New York University ein, der Kanton Tessin verlangte 18 Millionen Franken Erbschaftsteuer, die Hochschule weigerte sich zu zahlen, und so kam die Villa unter den Hammer und ging für 2,5 Millionen Franken an einen Abkömmling der Flugzeugbauer-Dynastie Dornier, der sie einige Jahre später an ein amerikanisches Ehepaar weiterveräußerte. Seit Jahren bemühen sich ein in Osnabrück gegründetes Rettungskomitee und eine gemeinnützige Stiftung in Los Angeles darum, den für 6,25 Millionen Franken zum Verkauf stehenden Bau in der Via Cantonale 27 in Porto Ronco vor dem Abriss zu bewahren und, etwa als Künstlerresidenz nach dem Vorbild der Villa Aurora in Pacific Palisades, öffentlich zugänglich zu machen.

Unser Schiff legt am Bootssteg von San Pancrazio an, der auch Isola Grande genannten größeren der beiden Brissago-Inseln, deren Geschichte mich ebenso fasziniert wie die des Monte Verità. Schon in römischer Antike eine Kultstätte und zur Zeit der Christenverfolgungen ein Zufluchtsort, hatte sie ab 1250 ein Humiliatenkloster beherbergt, das allerdings 1574 von Papst Pius V. wegen »zu großer Degenerierung und Entfernung von der christlichen Botschaft« aufgelöst worden war. 1876 hatte eine französische Firma die Isole di Brissago gemietet, um eine Dynamitfabrik zu bauen, welche Nitroglyzerin für den Bau des Gotthardtunnels liefern sollte; eine Petition der Seeufergemeinden hatte den Plan verhindert. 1885 gingen die verlassenen Inseln über in den Besitz des angloirischen Offiziers Richard

Flemyng, der von seinem Onkel den Titel eines Barons St. Leger und ein beträchtliches Vermögen geerbt hatte, und seiner hübschen, hochgebildeten, exzentrischen Frau Antoinette.

Geboren 1856 in St. Petersburg als uneheliches Kind der deutschen Tänzerin Wilhelmina Beyer und des russischen Zaren Alexander II., war diese mit 16 Jahren nach Italien gekommen. Dort hatte sie kurz hintereinander zwei Ehen geschlossen und drei Kinder zur Welt gebracht, schließlich 1881 in London den zwei Jahre jüngeren Flemyng geheiratet, einen entfernten Verwandten Thomas St. Legers, des Schwagers Richards III., und direkten Nachfahren des irischen Vizekönigs Anthony St. Leger. Ein Sohn aus dieser Verbindung war früh verstorben, 1886 folgte eine Tochter.

Antoinette ließ San Pancrazio in einen exotischen Park mit Pflanzen aus aller Welt verwandeln und ein Landhaus in lombardischem Stil errichten, in dem sie Berühmtheiten wie den Maler Daniele Ranzoni, der 1886 ein Porträt von ihr schuf, und den Komponisten Ruggero Leoncavallo empfing, später James Joyce, Rainer Maria Rilke und Harry Graf Kessler. Flemyng, der erotischen und finanziellen Abenteuer seiner Frau überdrüssig, war bereits 1897 nach Neapel gezogen und hatte sich scheiden lassen. Antoinette oder italienisiert: Antonietta Tzikos de Saint Léger, wie sie sich seit ihrer vierten Hochzeit mit dem Albaner Perikles Tzikos nannte, betrieb eine kleine Puppenmanufaktur im Keller, richtete ein eigenes Postamt ein und stempelte die Marken mit »Isole S. Leger«, verfolgte immer neue Projekte, wie beispielsweise den Versuch, aus Torf Alkohol zu gewinnen, und spekulierte unter anderem mit rumänischen Straßenbahnaktien, galizischem Öl und transkaukasischen Eisenbahnen. Überschuldet musste sie 1927 die Inseln veräußern, hauste zunächst in der Casa Moscia, einer ehemaligen Teigwaren- und Feingebäckfabrik, heute ein christliches Kurs- und Ferienzentrum, und zog 1940, vereinsamt und auf Sozialhilfe angewiesen, ins Altersheim San Donato in Intragna, wo sie acht Jahre später völlig verarmt verstarb.

Neuer Inselbesitzer wurde der Kaufhauskönig Max Emden, Mitbegründer des KaDeWe in Berlin, zu dessen Imperium verpachtete Warenhäuser unter anderem in Hamburg, Lübeck, Potsdam, Danzig, Stettin und Stockholm gehörten, das Oberpollinger in München und das Corvin in Budapest. Er hatte sich soeben scheiden lassen, einen Großteil seiner Immobilien veräußert und beschlossen, das restliche Dasein statt im Büro beim Golfspiel und in den Armen junger Frauen zu verbringen, möglichst fern vom Schmuddelwetter im heimischen Hamburg. Das blühende Paradies der Baronin ließ er unverändert, ihr Haus mit 15 Kilogramm Sprengstoff dem Erdboden gleichmachen und den noch heute vorhandenen Dreißig-Zimmer-Palazzo im Stil der Florentiner Renaissance errichten, eine Orangerie, einen Tennisplatz und eine Bootsgarage. Wie seine Vorgängerin empfing der braun gebrannte Lebemann, der am liebsten in einem seiner röhrenden Motorboote über den See raste, Berühmtheiten aus ganz Europa. Obschon er seiner anfangs 17-jährigen Geliebten Sigrid Renata Jacobi, genannt »Würstchen«, treu blieb, sorgten Gerüchte über sexuell freizügige Partys und Orgien im offenen römischen Bad für Erregung am gegenüberliegenden Ufer. »Während sie in den Von-der-Heydt-Klausen/Noch in einem Anflug von Kleid hausen/Zogen sie im Emdenhaus/Noch die letzten Hemden aus«, reimte der Pianist Edwin Fischer, auf dem Monte Verità ebenso zu Gast wie auf den Isole di Brissago. Es sei »ein ästhetisches, kein sexuelles Vergnügen« gewesen, gab »Würstchen« zu Protokoll.

Emden, seit 1934 Bürger von Ronco, bat die Schweizer Behörden vergebens um Hilfe, als die Nazis Steuerschulden fingierten und den Besitz des »Nichtariers« in Deutschland beschlagnahmten. Nach seinem Tod 1940 erbte sein Sohn Hans Erich die Brissago-Inseln und wurde im selben Jahr als »Mischling ersten Grades« von den Deutschen ausgebürgert. Da ihn die Schweiz nicht aufnehmen wollte, kaufte er einen haitianischen Pass, überlebte den Krieg aber letztlich in Chile, dem Geburtsland seiner Mutter. Unterdessen verwilderten die verwaisten Eilande, Möbel wurden gestohlen, kostbare Gemälde von Monet, Renoir und van Gogh fanden auf dubiose Weise neue Besitzer, und nach dem Tod Mussolinis kursierte das Gerücht, seine Gebeine seien über die Grenze dort hingeschafft worden. 1949 verkaufte Hans Erich Emden die Isole di Brissago für 600 000 Franken zur Hälfte an den Kanton Tessin, zur Hälfte an die Gemeinden Ascona, Brissago und Ronco sopra Ascona, den Schweizer Heimatschutz und den Naturschutz, die heutige Pro Natura.

Passenderweise seit Palmsonntag des Jahres 1950 ist der palmenbestandene Parco botanico del Canton Ticino auf der Isola di San Pancrazio öffentlich zugänglich (die kleinere Isola di Sant'Apollinare darf nicht betreten werden). Rund 100 000 Besucher jährlich erfreuen sich an 1700 Arten vor allem subtropischen Ursprungs aus fünf Kontinenten, vom winzigen blauen Leinkraut bis zur dreißig Meter hohen

Immergrünen Magnolie. Nur zu gern spaziere ich an den beeindruckenden Bambushainen vorbei, an australischen Eukalyptusbäumen, südafrikanischen Zuckerbüschen, Sumpfzypressen aus Mittelamerika, japanischen Hanfpalmen und Korkeichen aus dem Mittelmeerraum – und muss Konrad Adenauer recht geben, ausgerechnet, der 1956 den Blick durch den gemauerten Rundbogen beim römischen Bad als eine der schönsten Aussichten Europas bezeichnete.

Selbstverständlich lockt nicht allein der Lago Maggiore zu einer Minikreuzfahrt, sondern mindestens ebenso der mit seinen in alle Richtungen reichenden Armen noch attraktivere Luganersee. Die derzeit neun Schiffe der Società Navigazione del Lago di Lugano verkehren auf verschiedenen Routen, neben Einzelbilletts werden auch *abbonamenti* für beliebig viele Fahrten angeboten, gültig an einem Tag, drei oder sieben Tagen. Unterwegs können Sie an jeder gewünschten Anlegestelle aussteigen und Ihre Fahrt später mit einem anderen Schiff fortsetzen, zu sehen gibt es eine Menge.

Nach dem Frühstück im charmanten, 1803 eröffneten Grand Café Al Porto inmitten der Luganeser Altstadt ließe sich auf dem Weg nach Morcote zum Beispiel ein Zwischenstopp in Melide einlegen, um dort die ganze Schweiz in einer Stunde zu besichtigen. Die 1959 eröffnete Swissminiatur zeigt in einem 14 000 Quadratmeter großen Park rund 130 Modelle der markantesten Gebäude und Plätze des Landes im Maßstab 1:25, darunter Tessiner Sehenswürdigkeiten wie den Ponte dei Salti, die Piazza Grande von Locarno und das Luganeser Kunst- und Kulturzentrum LAC.

Aber will man wirklich wie Gulliver auf kunstvoll gebastelte Zwergbauten blicken, wenn einen das Echte erwartet? Morcote, um 1100 Sitz einer Burg zur Überwachung des Seeverkehrs, im Spätmittelalter ein prosperierendes Handelszentrum, das gerichtliche und steuerliche Autonomie sowie das Fischereirecht auf dem gesamten See besaß, gehört mit den bunten Fassaden seiner Patrizierhäuser, seinen Laubengängen und engen Gassen zweifellos zu den malerischsten Orten der Schweiz. Steigen Sie die 404 Treppenstufen der Scala Monumentale hinauf zum Oratorio Sant'Antonio da Padova und zur Wallfahrtskirche Santa Maria del Sasso, genießen Sie den einzigartigen Panoramablick, und besuchen Sie den spektakulär an einem terrassierten Steilhang gelegenen Cimitero Monumentale, der mit seinen – unter anderem von Henry Moore – gestalteten Grabsteinen und pompösen Grabhäusern zum Sterben schön ist. Das protzige Mausoleum des in Vergessenheit geratenen Baritons Georges Baklanoff etwa wirkt wie ein ägyptischer Tempel, der große Alexander Moissi hingegen ruht unter einer schlichten Platte. Den Stein des Schlagertexters Kurt Feltz (»Ganz Paris träumt von der Liebe«, »Kriminal-Tango«) schmückt sinnigerweise der Titel seines Nazi-Durchhalteschlagers »Es geht alles vorüber, es geht alles vorbei«, auf jenem des Kunstsammlers Albert Rieder, der 1944 auf abenteuerliche Weise seine wertvollen Ikonen aus Bukarest in die Schweiz rettete, liest man in gleich vier Sprachen die Mahnung »heute mich, morgen dich«.

Carpe diem, beschließe ich, so unvermittelt mit meiner sonst erfolgreich verdrängten Sterblichkeit konfrontiert, genieße den zauberhaften Blick über den Ceresio und nach dem Abstieg ein möglicherweise letztes Fläschchen Gazosa an der Seepromenade. Und zwar in der gemütlichen Osteria Portici, die auch die berühmteste Bewohnerin der Gegend regelmäßig frequentierte, was ein Lichtbild an der Wand beglaubigt. Nein, es zeigt nicht die platinblonde Dschungelkönigin Brigitte Nielsen, die etliche Jahre hier lebte, sondern die lange in Vico Morcote ansässige Luise Rainer, die 1937 und 1938 zweimal in Folge mit dem Academy Award als beste Hauptdarstellerin ausgezeichnet wurde (was erst dreißig Jahre später auch Katharine Hepburn gelang), bei ihrem Tod 2014 mit 104 Jahren die langlebigste Oscar-Gewinnerin der Geschichte war und bis heute die einzige Deutsche ist, die jemals den Goldjungen bekam.

Ebenso pittoresk wie Morcote ist das auf einer anderen Schiffsroute erreichbare Gandria östlich von Lugano. Halten Sie unterwegs Ausschau nach der auf einem 600 Meter langen Ufergrundstück gelegenen, 1687 erbauten Villa Favorita, die bis 1992 die weltberühmte, heute in Madrid zu besichtigende Kunstsammlung von Hans Heinrich Thyssen-Bornemisza de Kászon mit Preziosen von Holbein, Rembrandt, Goya, Velázquez, Tizian und Nolde beherbergte. Kurz darauf erreichen Sie das wie ein Schwalbennest an den steilen Hang des Monte Brè gebaute und dadurch außerordentlich fotogene Gandria, »ein Haus hinter dem andern aufgesteckt, Loggien mit farbigen Tüchern, keine Vogelperspektive, Gassen und keine Gassen«, notierte Franz Kafka 1911, »statt Gassen Kellertreppen und Kellerkorridore«. Ob nun Gassen oder Treppen, sie sind jedenfalls schmal, steil, verwinkelt – und ab dem späten Vormittag so proppenvoll mit Touristen wie die Altstadt von Dubrovnik, wenn die Kreuzfahrerhorden einfallen.

Von diesem letzten Schweizer Dorf vor der italienischen Grenze können Sie entweder über den von Olivenbäumen, aber auch Kastanien und Zypressen beschatteten *Sentiero dell'olivo* mit 18 Informationstafeln, die Auskunft über den Olivenanbau geben, zu Fuß nach Castagnola zurückkehren – einst ein bevorzugter Spaziergang Hermann Hesses. Oder aber mit dem Schiff ans andere Ufer übersetzen, zum Museo delle dogane svizzero, das in einem ehemaligen Grenzwachtposten untergebracht und eigentlich ein Schmuggelmuseum ist.

Jahrhundertelang besserten große Teile der Bevölkerung des Grenzgebietes ihr dürftiges Einkommen durch Schmuggel von Waren auf, die sie über die grüne Grenze schleppten, nachts über den See schipperten – oder sogar unter Wasser transportierten: Das Schweizerische Zollmuseum zeigt das Modell eines 1948 von italienischen Grenzwächtern entdeckten drei Meter langen, über mit der Bootsschraube verbundene Fußpedale angetriebenen Unterseeboots, das bis zu 450 Kilogramm befördern konnte. Wurden in den ersten Jahrzehnten des 20. Jahrhunderts vor allem Tabak und Kaffee nach Italien verschoben, erwartete man im Tessin während des Zweiten Weltkriegs, als in der Schweiz die Lebensmittel rationiert waren und viele Hunger litten, sehnsüchtig Mais, Mehl, Pasta, Schinken und Butter; das am meisten verschoben Gut war Reis, allein im letzten Kriegsjahr wurden 115 Tonnen konfisziert. Kolonnen von bis zu 400 Personen trugen die Waren aus Italien in die Schweiz, zurück nach Hause brachten die Schmuggler Salz, Saccharin, Zigaretten und »harte« Franken. Etliche von ihnen betätigten sich auch als »Passeure« und schleusten Partisanen, aus Gefangenenlagern geflüchtete alliierte Soldaten und Juden über die Grenze. Die im Tessin stationierten Geheimdienste der Alliierten wiederum ließen dem italienischen Widerstand finanzielle Unterstützung und Waffen zukommen. Die Dauerausstellung des Zollmuseums erklärt anhand von Installationen und Kurzfilmen aber auch, wie heute der Schweizer Zoll den illegalen Handel von Drogen und Kulturgütern bekämpft und Wirtschaftskriminalität aufdeckt; gefälschte Markenuhren, Medikamente und Textilien, die unrechtmäßig eingeführt werden, richten jährlich einen Milliardenschaden an.

Vom Museum sind es wenige Gehminuten nach Cantine di Gandria, wo zwei Grotti zur Rast laden, Sie können aber auch mit dem Schiff direkt zum bereits von mir gerühmten Grotto San Rocco weiterfahren – beachten Sie den aktuellen Fahrplan, und fragen Sie vor Beginn Ihrer Tour besser noch einmal nach, wann welches Schiff auf welcher Route welche Stopps macht. Zumindest mir bleibt das bei flüchtigem Studium des *orario battelli* nämlich ein scheinbar unergründliches Mysterium.

Ein Ausflug auf Locarnos 1340 Meter hohen Hausberg Cardada stellte für mich schon als Kind ein Highlight des Tessinurlaubs dar, und mehr als einmal habe ich genossen, dass man sich unten am See bereits sonnen und dort oben durch kniehohen Schnee voller Spuren von Rehen und Eichhörnchen stapfen konnte. Heute mein liebster Ausgangspunkt dafür und ohnehin ein einzigartiges Refugium ist die 499 Meter über Locarno gelegene Villa Orselina. Süßer ist das *dolce far niente* kaum irgendwo, prächtig die Panoramasicht auf den glitzernden See, die ich während des Frühstücks auf der Terrasse, beim späten Absacker und sogar noch vom Bett aus genieße. 1901 erbaut, mixt das mit 9 Zimmern und 19 Suiten eher kleine, weiß Gott feine, verglichen mit den Asconeser Edelherbergen aber eher günstige Boutiquehotel mediterrane Architektur mit leuchtend weißem kalifornischen Design. Ein palmengesäumtes, geheiztes Außenschwimmbad im blühenden Garten (der sich über mehrere Ebenen erstreckt und auch schon Stars wie Harvey Keitel, Meg Ryan oder Kylie Minogue ausreichend *privacy* bot), ein Innenpool, ein Fitnessraum und ein Spa lassen keine Wellnesswünsche offen. Chefkoch Riccardo Scamarcio zelebriert eine moderne mediterrane Küche; mein Favorit sind seine unvergleichlichen Cavatelli mit grünem Spargel an Currysauce. Und mehr *cuore e passione*, Herz und Leidenschaft, als der Gastgeber Daniel Schälli, zuvor Direktor des Eden Roc in Ascona, kann man gar nicht besitzen.

Nur ein paar Hundert Meter trennen dieses perfekte Zuhause auf Zeit von der Standseilbahn, die seit 1906 Orselina mit Locarno verbindet, und vom Sacro Monte, dem heiligen Berg, zu dessen großem Gebäudekomplex die 1616 geweihte Wallfahrtskirche Madonna del Sasso – die bedeutendste in der italienischen Schweiz –, ein Kloster und ein kleines Museum gehören. Die Gründung geht auf eine Marienerscheinung zurück, die der Franziskanerbruder Bartolomeo Piatti aus Ivrea 1480 am Vorabend von Mariä Himmelfahrt hatte. Zunächst errichtete er eine Einsiedlerklause, 1487 wurden die ersten beiden Kapellen auf dem Berg geweiht, 1502 die Verkündigungskirche an dessen Fuß, von der die Via Crucis mit ihren ziegelrot und gelb bemalten Kreuzwegkapellen hinauf zur Madonna del

Sasso führt – etwa eine halbe Stunde sollten Sie für den Weg einplanen.

Die Fassade der Basilika erstrahlt seit einer Umgestaltung 1892 im Stil der Neorenaissance, doch das Innere ist mit Stuckarbeiten und Fresken aus dem 17. Jahrhundert dekoriert. Sehenswert sind die Gemälde »Die Flucht nach Ägypten« von Bramantino und »Die Grablegung Christi« des aus Ronco sopra Ascona stammenden Antonio Ciseri, doch noch mehr faszinieren mich die unzähligen Votivgaben, die die Marienverehrung der Gläubigen bezeugen: Stickereien, goldene Herzen, simple Dankeskarten, vor allem Bildtafeln, teils in berührend naiver Malerei, auf denen die verschiedensten Notsituationen vom Verkehrsunfall über den Schlangenbiss bis zum Sturz in einen Wildbach dargestellt sind. Ein – zusammen mit kostbaren Exemplaren unter anderem vom Tessiner Künstler Giovanni Antonio Vanoni – im Museum aufbewahrtes Votivbild aus dem frühen 19. Jahrhundert zeigt sogar gleich vier von einer einzigen Person überstandene Gefahren.

Natürlich weiß ich die Aussicht auf den See und die umliegenden Berge, die man vom weiten Vorplatz der Wallfahrtskirche genießt, zu schätzen, aber auch, wie sie sich toppen lässt. In wenigen Minuten schwebe ich mit der von Mario Botta designten, im Jahr 2000 eingeweihten Luftseilbahn von Orselina zur Bergstation Cardada auf 1340 Meter Höhe und spaziere zur Aussichtsplattform Promontorio paesaggistico, die ein atemberaubendes 180-Grad-Panorama auf den Lago Maggiore, das Centovalli und einen Teil des Maggiatals ermöglicht. Nun gut, man sieht nicht die ganze Schweiz in einem Augenblick, aber immerhin ihren tiefsten Punkt, den 193 Meter über dem Mittelmeer gelegenen

Wasserspiegel des Lago Maggiore, und gleichzeitig ihre höchste Erhebung, die 4634 Meter hohe Dufourspitze inmitten einer überwältigenden Alpenkulisse.

Cardada ist einer meiner Lieblingsorte im Tessin.

Die Garantie für einen grandiosen Glücksmoment.

Einen von vielen.